洋食器のきほん
テーブルコーディネートアイテム

浜 裕子
Hama Yuko

はじめに

　前著『和食器のきほん』に続いて『洋食器のきほん』の企画をいただいたとき、正直、どのような形でお届けするのがよいのか、かなり悩みました。

　テーブルコーディネートという言葉からまず連想されるものは、洋食器が美しく並んだ、ヨーロッパの貴族の館に招かれたような豪華で贅沢なテーブルではないかと思います。そのような夢のある憧れのイメージももちろん素敵ですが、私が日々の活動のなかで提案しているテーブルコーディネートとは、少々異なります。

　そこで本書では、時代を経ても変わらぬ美しさと洗練性で私たちを魅了する世界の名窯の器を使いながら、現代のライフスタイルにどのように洋食器を活用していくかをメインテーマに据え、制作にあたりました。

　ブレックファストからディナーまでの食卓シーンを想定し、少し改まったセミフォーマルからカジュアルな場面まで、日々の暮らしのなかで取り入れやすくするための工夫を随所に盛り込みました。基本的な洋食器のアイテムやセッティングの方法も解説し、実用面を充実させています。

　私が普段から大事にしていることは、器は、飾るのではなく、それぞれにふさわしいシーンで選び、丁寧に扱いながら長く使っていくことです。よい器には、独特の力と存在感がありますから、余計なものを置かなくても食卓は完成します。器からも会話が広がり、なにげないお茶の時間や、朝食のひとときでも小さな幸せに満たされるのです。

　器を通して、大切な人と過ごす時間をより豊かにすることが、テーブルコーディネートの役割だと思っています。

　歴史のなかで、壮大なロマンと情熱によって作り出された洋食器。知れば知るほど奥が深く、本書はほんのダイジェストに過ぎませんが、洋食器をもっと身近に、生活におしゃれに取り入れていただくためのヒントになれば、望外の幸せです。

浜 裕子

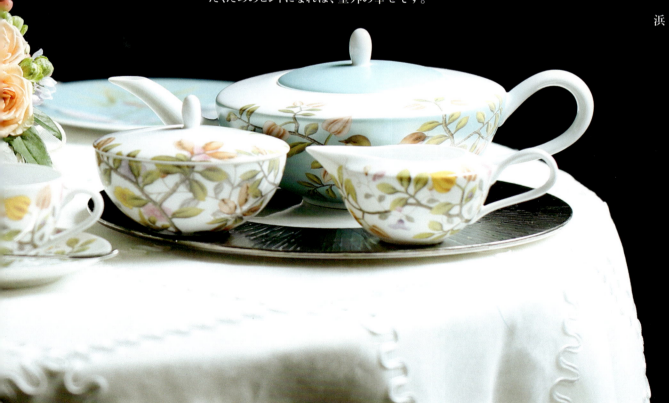

洋食器のきほん
テーブルコーディネートアイテム

Contents

はじめに …… 2

Chapter1
洋食器の歴史と世界の名窯

洋食器の歴史 …… 8
洋食器の分類 …… 12
洋食器の製造方法 …… 14
ヨーロッパと日本の名窯 …… 16
　ドイツ …… 16
　K.P.M.ベルリン／マイセン／ザクシシェ・ポルツェラン・
　マニファクトゥア ドレスデン／ローゼンタール／
　フッチェンロイター

　フランス …… 18
　レイノー／セーブル／ジャンルイ・コケ／アビランド／ジアン／
　ベルナルド

　イギリス …… 20
　ロイヤルドルトン／ウェッジウッド／スポード

　オーストリア／ハンガリー …… 21
　ウィーン磁器工房 アウガルテン／ヘレンド

　フィンランド …… 22
　イッタラ／アラビア

　スウェーデン／イタリア …… 23
　ロールストランド／リチャード ジノリ

　日本 …… 24
　ノリタケ／大倉陶園

Chapter 2
洋食器の基本アイテム 種類と使い方

パーソナルアイテム …… 28
　基本の5ピース …… 29
　ショープレート …… 30
　ディナープレート …… 31
　デザートプレート …… 32
　ケーキプレート …… 33
　パンプレート …… 34
　シリアルボウル／ブイヨン（コンソメ）カップ&ソーサー／
　スーププレート …… 35
　カップ&ソーサー …… 36
　ティーカップ&ソーサー …… 36
　コーヒーカップ&ソーサー／デミタスカップ&ソーサー …… 37

サービスアイテム …… 38
　キャセロール …… 38
　プラター …… 39
　ティーポット・シュガーポット・クリーマー …… 40
　コーヒーポット・シュガーポット・クリーマー …… 42

洋食器に合わせる基本アイテム …… 46
　カトラリー …… 46
　グラス …… 47
　テーブルリネン …… 48
　フィギュア …… 49

洋食器のテーブルセッティングの基本 …… 51
　パーソナルスペースとパブリックスペース …… 51

テーブルセッティングの基本例 …… 52
　セミフォーマルディナーの場合 …… 52
　略式ディナーの場合 …… 53

Chapter 3
シーン別 洋食器の
テーブルコーディネート

Breakfast Tabel 1
キッチンからはじまるハートウォーミングな朝 ……58

Breakfast Tabel 2
ベジ＆ビタミンチャージブレックファスト ……62

Lunch Table 1
プレミアムフライデーのカジュアルランチ ……68

Lunch Table 2
今も昔も人々を魅了する、
白磁の器で至福の食卓を ……72

Lunch Table 3
格調高く「ブルーローズ」でもてなすランチョン ……76

Tea Table 1
雨音をBGMに別荘でのティータイム ……82

Tea Table 2
ガールズマカロンティーパーティー ……86

Tea Table 3
初夏の観劇前のハイティー ……90

Apéro Table
春の日差しを受け心踊るアペロタイム ……96

Diner Table 1
2人の記念日はドラマチック＆ゴージャスに ……100

Diner Table 2
在りし日のパリのアパルトマンの追憶 ……102

Diner Table 3
恩師夫妻をお招きして〜時を超えて〜 ……106

Chapter 4
洋食器で演出する
和モダンコーディネート

Tea Table
和を感じる豪華なティーセットでおもてなし ……112

Lunch Table
東方への憧れを食卓に託して ……116

Diner Table
伝統に新しい風を吹かせて
〜East meets West〜 ……120

Special Thanks ／撮影協力 ……127

Column
洋食器のデザイン構成 ……25
バックスタンプについて ……39
ティーセットのセッティング ……43
洋食器の様式1 バロック ……44
洋食器の様式2 ロココ ……54
イングリッシュブレックファストと
コンチネンタルブレックファストの違い ……61
洋食器の様式3 ネオ・クラシック ……66
ランチとランチョンの違い ……79
洋食器の様式4 コンテンポラリー ……80
ハイティーについて ……93
古きよき時代に思いを馳せて
〜オールドノリタケへのオマージュ〜 ……94
プロに聞く 洋食器と料理の関係1
器というキャンバスに"伝統と革新"を取り入れる ……108
プロに聞く 洋食器と料理の関係2
遊び心を盛り込み、料理への期待を高める ……124
洋食器の扱い方と収納方法 ……126

※本書に掲載した食器等のテーブルアイテムは、ブランド、シリーズ名について特記すべきものだけを表示しました。著者の私物も含まれているため、現在店舗等で取り扱いのないものもあります。

Chapter1

洋食器の歴史と世界の名窯

東洋磁器への憧れから生まれた洋食器の歴史や、
ヨーロッパと日本の代表的な
ブランドの特徴について解説します。

洋食器の歴史

ヨーロッパの洋食器の歴史を、ダイジェストで解説します。

東洋の磁器に憧れて

ギリシャ・ローマを経て、中世の領主時代は、まだダイニングという概念はなく、王の宴席は、儀式化され、名誉と権力を誇示するためのパフォーマンスとしての公開宴席でした。硬く焼いたパン（トランショワール）を皿代りとして、その上に肉をのせて食べていました。そのトランショワールが、今日のディナー皿に変わります。

ルネッサンス期になると、当時隆盛を誇っていたイタリア、フィレンツェのメディチ家からフランスに嫁いだカトリーヌ・ド・メディシスや、マリー・ド・メディシスの影響を受けて、フランスも宮廷文化の先進国になります。

大航海時代には、ヨーロッパにスパイスやコーヒーなどが持ち込まれ、東洋からはお茶や陶磁器が紹介されました。17世紀初め、華やかに彩色された中国の磁器が、オランダ東インド会社（VOC）によって輸入されます。ヨーロッパでは、まだ硬質磁器を生産することができませんでした。その美しさに魅せられた王侯貴族たちは、こぞって中国磁器を買い求めたのです。オランダは当初中国から磁器を輸入していましたが、17世紀半ば頃、中国国内の政治的混乱によって貿易が禁止されてしまいます。そこでオランダが新たな輸入元としたのが、日本の有田でした。有田ではすでに1610年代から磁器が焼かれ、鍋島藩の政策などにより、この頃にはオランダの注文に応じられる十分な生産体制が整っていました。中国がヨーロッパとの貿易を再開する1685年頃まで、日本は公式に古伊万里を輸出していました。ヨーロッパでは、こうして大量に収集した磁器を、宮殿内に「磁器の間」などを設けて飾り、ステータスシンボルにしました。

マイセン磁器の誕生

なかでも熱烈な収集愛好家が、ザクセン国王アウグスト1世（強王）でした。なんとか硬質磁器を焼成しようと、錬金術師ベトガーに作成を命じます。1709年、ベトガーはヨーロッパで初めて、硬質磁器の焼成に成功。絵付師ヘロルトが加わり、マイセンの基礎が築かれました。当時は、中国や日本の柿右衛門の模倣が中心でしたが、1730年頃には、ロココ様式が取り入れられ、ヨーロッパ的なデザインが生まれました。

さて、ベトガーによって解明された硬質磁器焼成の方法です

1 ドレスデン城外壁の陶壁「君主の行進」。マイセン磁器により、歴代のザクセン選帝侯や国王たちが生き生きと描かれています。中央馬上でこちらを向いているのがザクセン国王アウグスト1世（強王）。写真提供：ジーケージャパンエージェンシー　2 1860年代に新設された、マイセン市内トリーピッシュのマイセン磁器製作所内部。高価な美術作品に装飾を施す絵付師たちの様子です。写真提供：ジーケージャパンエージェンシー　3 ドレスデンのツヴィンガー宮殿内陶磁器博物館に展示されている、アウグスト1世（強王）のコレクションの一部。©Jorge Royan　4 ベルリンにあるシャルロッテンブルク宮殿「磁器の間」。色絵、染付、皿、壺、人形が床から天井までを覆い尽くしています。©Alamy Stock Photo

洋食器の歴史と世界の名窯

洋食器の歴史

洋食器の歴史

が、硬く秘匿されていたにもかかわらず、わずか10年後の1719年には、神聖ローマ帝国の都ウィーンに漏洩します。立役者となったのは、カール6世の臣下デュ・パキエでした。磁器にたいへん興味を持っていたデュ・パキエは、ベトガーの助手シュテルツェルを高額の報酬で引き抜いたのです。こうして、マイセンに次いでウィーンでも磁器焼成に成功し、設立された王立磁器製作所はアウガルテンの基盤となります。この後、硬質磁器の焼成技術は、瞬く間にヨーロッパ中に広がっていきました。ところで、秘密を漏らしたシュテルツェルですが、約束の報酬を受け取れず、マイセンに戻ります。その際ウィーンから連れ出したのが、絵付師のヘロルトでした。マイセンは磁器の焼成を独占することはできませんでしたが、大きく発展させることができました。

各国の磁器文化の発展

フランスでは、ルイ15世の愛妾ポンパドール夫人が、セーブル窯の設立に貢献します。莫大な国費を投じて王立磁器製作所を開設した背景には、ドイツやオーストリアの製品がヨーロッパを独占していたことに対するフランスの面子がありました。1768年リモージュ近郊で磁器の原料となるカオリンが発見され、19世紀以降磁器の街として発展します。

イギリスでは、18世紀中頃にボーンチャイナが誕生します。これは、素地に焼いた動物の骨灰を混ぜたもので、軟質磁器の一種ですが外見は硬質磁器に近いものです。紅茶の流行も後押しとなり、イギリスではボーンチャイナが定着しました。また、ジョサイア・ウェッジウッドは、ネオ・クラシック様式の装飾を施したオリジナルの素地ジャスパーを作りました。

イタリアでは、16世紀終わり頃の一時期、メディチ磁器と呼ばれる軟質磁器が製作されました。本格的な磁器焼成が始まったのは18世紀前半で、ヴェネツィア、フィレンツェ、ナポリなどで磁器窯が誕生します。リチャード ジノリの母体となるドッチア窯もそのひとつです。

ハンガリーでは、19世紀前半にヘレンドが開窯し、磁器焼成が始められました。

18世紀のヨーロッパにおいて、磁器は高い身分や富の象徴でした。祝宴の席を飾る代表的な道具であるセルヴィス（食器セット。サービスまたはサーヴィスとも）にも磁器が使われました。マイセンの「スワンサーヴィスセット」は、スワンのレリーフが浮き彫りになったエレガントなもので、100人用のセットとして作られ、2000以上のピースから成る世界最大のセルヴィスといわれています。ロシアの女帝エカテリーナ2世のために製作されたセルヴィスはどれも有名で、セーブルの「カメオ・セルヴィス」、ウェッジウッドの「フロッグ サービス」などがあります。

18世紀後半にイギリスで起きた産業革命により、大量の粗悪な工業製品が作られるようになりました。19世紀の後半、この風潮に異を唱え、手工業の復興を目指したのがアーツ・アンド・クラフツ運動です。イギリスで起きたこの運動は、20世紀初頭にかけてフランスを中心に広がったアールヌーボーに発展しました。20世紀中頃、北欧では用と美を兼ね備えたスカンジナビア・デザインが流行しています。

伝統を重ねながらも、芸術性と機能美を併せ持つ新しいデザインが次々と生み出され、進化を続けるテーブルウェア。持つ幸せ、使う幸せ、食卓に夢を与え続けています。

1

2

1 オランダ東インド会社（略称VOC）を通して輸出された古伊万里。VOCのマークが見られます。染付芙蓉手鳳凰文大皿：VOC銘　佐賀県立九州陶磁文化館所蔵　2 こちらの皿もVOC入り。染付牡丹文大皿：VOC銘　佐賀県立九州陶磁文化館所蔵　柴田夫妻コレクション　3 1670～90年代に作られた柿右衛門様式の皿。色絵花鳥文皿　佐賀県立九州陶磁文化館所蔵　4 マイセンで製造された皿。3と比べると、有田焼を手本にしていたことがわかります。色絵梅竹虎文大皿　佐賀県立九州陶磁文化館所蔵　旧ドイツ民主共和国寄贈　5 1739年に、マイセンのJ.Dクレッチマーが中国写しの染付の技法を生かして完成させた「ブルーオニオン」の絵柄。この名称は、中国の皿に描かれていたザクロを玉ねぎと間違えたというのが定説。写真提供：ジーケージャパンエージェンシー　6 ウェッジウッドの「フロッグ サービス」。1244景ものさまざまな英国の風景を1枚1枚手描きで描いた952点から成ります。ウェッジウッド美術館所蔵　7 マイセン「スワンサーヴィスセット」の復刻版。水をテーマに、永遠の命の象徴とされるスワン、ガラテア、魚、貝などが立体的に表現されています。写真提供：ジーケージャパンエージェンシー

洋食器の歴史と世界の名窯　❖　洋食器の歴史

陶器

磁器

ボーンチャイナ

洋食器の分類

本書で紹介する洋食器は、磁器、陶器、ボーンチャイナに大別できます。その特徴と、そのほかの器の種類を解説します。

磁器

カオリンと呼ばれる耐火度の高い白色の石を主原料とし、1300〜1400℃超の高温で焼成します。焼き締まっており隙間が少なく、吸水性はありません。陶磁器の中ではもっとも硬く、叩くと金属音のような高い音がします。ナイフやフォークによる傷がつきにくいのも利点です。素地の透けるような白さも特徴で、艶やかで透光性があります。マイセン、アウガルテン、リチャード ジノリ、ヘレンドなどが有名です。

陶器

粘土を原料とし、1000〜1200℃の低温度で焼成するため、焼き締まっておらず、厚手で重く、叩くと鈍い音がします。耐熱性と保温性に優れ、表面の素朴な温かみが好まれています。透光性はなく、吸水性があるため長時間水に浸けるのは避けましょう。ウェッジウッドのクリームウェアは陶器に属します。イタリアのマジョリカ、オランダのデルフト、フランスのファイアンスなどがあります。

ボーンチャイナ

イギリスで、カオリンの代わりに、牛の骨灰を加えることで作られた軟質磁器。骨灰を30〜40％含み、象牙色の柔らかな質感で透光性が高く、高級食器として使われています。骨灰を50％含んだファイン ボーン チャイナは、素地の白さにぬくもりがあります。日本では、JAS規格で素地中に30％以上の骨灰を含むものをボーンチャイナと定めています。縁部の強度は強いですが、表面は傷がつきやすいです。

そのほか

ストーンウェアと呼ばれる炻器があります。厚手で重たいですが、素朴な風合いに味があり色や形で独特の世界観を表現できることから、フレンチレストラン等でモダンに使用されるケースが増えています。ウェッジウッドのジャスパーウェアもストーンウェアです。

アルミナを素地に添加して、業務用に開発された強化磁器、牛の骨灰の代わりに、カルシウムを加えたニューボーンチャイナなどもあります。

アイテム　左上：ヘレンド「アポニー・グリーン」ディナープレート25㎝　右：イタリア製ディナープレート（著者私物）　左下：ウェッジウッド「フロレンティーン ターコイズ」プレート27㎝

洋食器の製造方法

洋食器の製造工程を、硬質磁器を例に解説します。

協力：大倉陶園

1 土作り
カオリン、長石、珪石などを粉砕し、適量の水を加えてよく練り、磁器の原料となる粘土を作ります。

2 成形
ろくろ成形や鋳込成形（水状の粘土を流し込んで型取りする方法）などによって器の形を作ります。成形方法は製作する器の形や、個数などによって決めます。

3 素地（きじ）の加工
成形された素地に直接文様を施すなどの装飾を加える場合は、素地が乾燥しないうちに行います。

4 乾燥
ひび割れを起こすこともあるので、ゆっくり乾燥させて水分を抜きます。十分に乾燥させることが大切です。

5 素焼き
絵付や施釉をするために、約700〜800℃の低温で焼きます。

6 下絵付
染付や鉄絵の場合は、素焼きした器に直接、呉須や鉄絵具で絵付を施します（絵付をしない場合もあります）。

7 施釉
長石、珪石を主成分とした釉薬をかけます。器を覆い、水を通さないようにして表面を平滑にします。下絵付をした場合は、透明釉をかけるのが一般的です。

8 本焼成
熱効率や焼き上がりを考慮して窯詰めをし、約1300〜1400℃超の高温で長時間かけて焼きます。素地の中の成分がガラス化して硬くなり、釉薬もガラス化するので艶と輝きが出ます。

9 上絵付
さまざまな色や金、白金の絵付は、本焼成後に釉薬の上に行います。

10 上絵焼成
電気窯などで約700〜800℃で焼きます。徐々に窯の温度を下げ、十分に冷めたら器を取り出し、完成です。

磁器の原料
左から珪石、長石、カオリン。

成形
プレートは回転ろくろで成形。ポットなどは鋳込成形で形を作ります。

施釉
器を釉薬の中に入れると一瞬で水分を吸収し、表面に薄い層ができます。

本焼成
大倉陶園では1460℃で本焼成を行っています。

上絵付
筆などを使い、上絵具を用いて手描きで絵付をします。

上絵焼成
上絵具の中に含まれるガラス質成分が釉薬と溶け合い、磁器の表面にしっかりと定着し、発色が鮮やかに。

大倉陶園の工房にうかがい、絵付の様子を見せていただきました。一つひとつ手描きで丁寧に行われる作業には、受け継がれた伝統の技と、ものづくりへのこだわりが感じられます。**左上**：下絵付の技法で、もっとも伝統的な装飾法、呉須。おもにコバルトを含む顔料を用い、釉薬の下に着色するため耐久性が高くなります。**右上**：大倉陶園独自の技法、岡染め。本焼成後の白生地にコバルト絵の具で絵付をし、再度1460℃の窯で焼成。コバルトの青色は釉薬と融合して美しい文様を作り出します。絵付の段階でこれを想定し、濃淡をつけながら色をのせるそうです。「ブルーローズ」シリーズは、この技法で製作します。**左中、右中**：手描きでの上絵付。専属デザイナーがデザインした図案をもとに、繊細な日本画の技法で描いていきます。写真のプレートは、リムは岡染めと同様にコバルト絵の具でむらなく絵付し、本焼成で焼き付ける技法で作られています。**左下**：粉末絵の具を油で溶き、微妙なニュアンスの色を作り出して使用します。**右下**：絵付用の筆。筆のタッチが表現されるのが、手描きならではの味わいと魅力です。

ヨーロッパと日本の名窯

ヨーロッパと日本の代表的な洋食器ブランドと、その歴史と特徴を紹介します。

ドイツ Germany

K.P.M.ベルリン K.P.M.Berlin

1763年プロイセンのフリードリッヒ大王が創設。当時、窯を有することは国王のステータスでもあり、隣国ザクセンのはマイセンで磁器焼成に成功したことに刺激され、王立磁器製陶所（Königliche Porzellan-Manufaktur＝K.P.M.）を設立しました。ザクセンとの7年戦争の勝利で、マイセンから優秀な陶画家を招くなど、王自らが発展に寄与しました。ロココ趣味溢れる典雅な製品が作られ、その伝統は今に受け継がれています。青色のロカイユ（うろこ模様）や淡い色使いの写実的な植物の絵柄など、18世紀頃の作品のコピーや、19世紀のデザイナー、シンケルによる繊細なバスケットが有名です。

マイセン Meissen

300余年前に、ヨーロッパで最初に磁器を焼成した窯です。17世紀のヨーロッパでは、まだ硬質磁器を作ることができませんでした。中国の磁器や日本の伊万里がたいへんもてはやされ、なんとか製造しようしていました。ようやく1709年、ザクセン国王アウグスト1世（強王）の命令で磁器製造の研究をしていた錬金術師ベトガーが、ヨーロッパで最初に硬質磁器の焼成に成功。翌1710年に設立された、王立マイセン磁器製作所がマイセンのはじまりです。1720年以降、シノワズリを独特の様式に発展させた絵付師ヘロルトや、白磁彫像を多数製作した磁器彫刻家のケンドラーを迎え入れ、大きく発展しました。初期から作られている伝統的な絵柄「ブルーオニオン」は有名で、斬新なデザインの「千一夜物語」シリーズなども人気を得ています。

左：「ブルーオニオン」の絵柄を現代のフォームに置き換えた「ブルーオニオンスタイル」のリーフプレート。　右：「ブルーオニオン」のカップでミルクを飲む子供を表現した人形「ミルクを飲む子供」。　写真提供：ジーケージャパンエージェンシー

ザクシシェ・ポルツェラン・マニファクトゥア ドレスデン Sächsische Porzellan-Manufaktur Dresden

「ドレスデン」の名で知られる工房で、1872年、ザクセン州ドレスデンに創立されました。かつてあった多数の窯のなかで、高い品質と成形から絵付、焼成などすべての工程を手作業で行うことにこだわり、現在も残る唯一の窯です。ザクセンの華やかな文化の中で生まれ育まれたドレスデン様式で描かれた花々はおおらかで優雅でありながら、繊細な金彩装飾を施した豪華なデザインが特徴です。第二次大戦後、東ドイツにより国営化されましたが、現在は企業として独立しています。

上：優雅なフォルムと繊細なレリーフに施された金彩、加えてドレスデン様式の豪華なブーケが描かれている人気のシリーズ「ブルーメン・レリーフ」のハンドル付きトレイ。
下：同じシリーズのモカセット。
写真提供：ドレスデン ポルツェラン東京事務所

ローゼンタール Rosenthal

1879年、ドイツ南部バイエルン州のエアカースロイト城に、創業者フィリップ・ローゼンタールが絵付工房を開設したのが始まりです。1891年に、チェコとの国境に近いドイツ磁器生産の中心地ゼルプに工場を設立。優れた技術と近代的な生産設備によって、ヨーロッパを代表する磁器メーカーに成長します。新しいデザインによる機能性と芸術性の融合を目指して創設した「ローゼンタール スタジオライン」では、各国の優秀なデザイナーやアーティストとのコラボレーションを実現しています。

「ローゼンタール スタジオライン」の2008年コレクション「ランドスケープ」のポット（右）とカップ＆ソーサー（左）。スタイリッシュなシェイプと表面のデコレーションが特徴。　写真提供：ノーブルトレーダース

フッチェンロイター Hutschenreuther

1814年、磁器絵付師の父を持つカルル・マグヌス・フッチェンロイターが、ホーエンブルグに絵付工房を設立。やがて、磁器製作を手がけたいと考え、1882年にバイエルン王を「いかなるものより優れたものを創造する」と説得し、工場設立の許可を得て創業します。伝統的なロココ調のデザインを引き継ぐ「ブルーオニオン」などのシリーズを展開する一方、実用と機能性を重視し、電子レンジなど一般家庭でも使いやすい製品を作っています。

下：涼しげなブルーで可憐な小花が描かれた「エステール」シリーズのティーカップ＆ソーサー。**右**：「ピンクエステール」シリーズのマグカップ。

フランス France

レイノー Raynaud

　フランスを代表する磁器の町リモージュに1849年に創業しました。ナポレオン3世の時代にふさわしく、優れた金の焼付技術による王朝風の絵柄は、典雅な華やかさがあります。その中でもシノワズリスタイルの「シ・キオン」や、珊瑚柄が特徴的な「クリストバル」は、根強い人気を誇っています。シリーズによっては食器洗浄機やオーブン、電子レンジでの使用も可能で、品格のあるアイテムは、フランスはもちろん世界各国の有名レストランで使われています。

絵柄違いで6種類が揃う「シ・キオン」のアメリカンディナープレート。「シ・キオン」とは、中国の黄河流域の地域の名前。　写真提供：エルキューイ・レイノー青山店

セーブル Sèvres

　1738年に創設され、ルイ15世の寵愛を受けていたポンパドール夫人により、1753年にヴァンセンヌからセーブルに移転され、1757年にフランス王立セーブル磁器製作所となります。一流の画家や技師、化学者を集め、フランスが誇るもっとも優れた軟質磁器を製造しました。「王の青」や「ロゼ・ポンパドール」と呼ばれる独特のピンク色や、地塗りの一部を窓として残し、ロココ風の田園風景や花鳥図を入れるという独自の様式も誕生させました。1769年に硬質磁器も開発され、窯はルイ16世と王妃マリー・アントワネットに受け継がれますが、1789年の革命により工場は破壊され閉窯。1804年ナポレオン治世下で国立セーブル磁器製作所となり、今日に至ります。

セーブルを象徴する深い青に金彩を施したコーヒーカップ＆ソーサー「リトロン セーブルブルー 金彩」。　写真提供：欧羅巴製品貿易

ジャンルイ・コケ J.L. Coquet

　1824年、リモージュに創業した窯元。熟練した職人により手作業で丁寧に製作されており、斬新なデザインと鮮やかな色彩が、人々に長く愛されています。「食器は美しく食べるために存在する」をコンセプトに、料理を美しく見せるために中心部分を白地にしているものが多く、パリの一流フレンチレストランでも使用されています。1991年にラリック社と統合、2004年にはプレートのデザインを手がけるアーティストがオーナーとなり、独特なデザインで業界をリードしています。

左：人気の「エミスフィア」のゴールドフルリムディナープレート。右：マットなリムの質感が個性的な「アティラ」シリーズのディナープレート。　写真提供：VERRE STYLE DE VIE 森山硝子店

アビランド Haviland

　1842年、ニューヨークの貿易商デビット・アビランドが、リモージュに製磁工場を設立したのがはじまりです。最新の技術と高い品質管理の追求を掲げて規模を拡大。1867年のパリ万博で金賞を受賞し、各国の王室などから注文を受ける一流ブランドとなりました。アメリカ市場を意識し、有名画家やアーティストによる斬新なデザインや新しい絵付技術を導入。白素地だけを製作していたリモージュに変化をもたらしました。ナポレオン3世の妃、ユージェニーのためにスミレの花をモチーフにした「エンペラトリス・ユージェニー」は有名で、エリゼ宮の公式晩餐会で使用されています。

パールライトグレーとプラチナの組み合わせが上品でモダンなシリーズ「クレール・ド・リュンヌ」のディナープレート。　著者私物

ジアン Gien

　パリの南にあるロワール河岸の町ジアンに、1821年に設立されました。創業者はイギリス人のトーマス・ホール。当時イギリスで製造されていた優れた陶器を作るためでした。ジアンには陶器の材料となる良質な粘土や、薪にする木材が豊富にあり、製品を運ぶための運河も整備されていました。創業当初は日用品を中心に製造していましたが、パリの万国博覧会で金賞を受賞すると、世界中の王侯貴族から注目され、家紋を刻印したオーダーメイドのテーブルウェアが好評を博し、多くの人々に愛用されるようになりました。さまざまなニュアンスのブルーを中心に華やかな色彩が代表的で、陶器のやわらかな風合いと、豊かな自然をモチーフにした絵柄が特徴です。

ジアンを代表するフローラルコレクションの中から「ミルフルール」のデザートプレート（右）と「アズール」のデザートプレート（上）。　写真提供：明和セールス

ベルナルド Bernardaud

　1863年創業の、リモージュで最大規模を誇る窯元。創業後、まもなくナポレオン3世の皇室御用達となりました。皇后ユージェニーに愛され、イギリスやベルギー王室からも特別注文を受けました。1925年のパリ万国博覧会で金賞を受賞し、その後も数々の国際的な賞を受賞しています。素地の白さを生かし、優雅さと上品さを持たせた高貴なデザインが特徴です。料理を引き立て、主張しすぎないため料理人からの人気も高く、一流レストランなどでも使われています。1950年代からは、時代を代表するアーティストとのコラボレーションを行っています。

左：シャガール・コレクションの1つ「パリのオペラ座（オペラ・ガルニエ）天井絵」のプレート。©ADAGP, Paris 2018-Chagall®　下：モダンなセンスと色彩の「ギャラリーロワイヤルブルーワリス」のコーヒーカップ＆ソーサー。　写真提供：ジーケージャパンエージェンシー

イギリス United Kingdom

ストーク・オン・トレント
（ウェッジウッド、
ロイヤルドルトン、スポード）

ロンドン

ロイヤルドルトン Royal Doulton

　1815年に創始者ジョン・ドルトンが、南ロンドンのランベスに小さな陶器工房を開いたのがはじまりです。2代目ヘンリーが、ロンドンの排水設備の生産で大きな利益をあげ、芸術性の高い陶磁器の分野に進出。当時話題だったファイン ボーン チャイナを取り入れ、シンプルで気品のあるデザインで評判となりました。1887年にヴィクトリア女王からナイトの称号を得て、1901年から王室御用達となり、「ロイヤル」を冠するようになりました。

精巧な造形と職人による丁寧な手彩色によるファインボーン チャイナ製のフィギュリン。右は「プリンセス・ダイアナ」、左は「キャサリン妃と子供たち」。　写真提供：フィスカース ジャパン

ウェッジウッド Wedgwood

　「英国陶工の父」と称されるジョサイア・ウェッジウッドが、1759年に開窯。イギリス中世の伝統を受け継ぐクリームウェアの改良に努め、シャーロット王妃からティーサービスの注文を受けます。これが「クイーンズウェア」の名称を受け、「女王陛下の陶工」を拝命されました。また1774年には、ブルーなどの着色原料を混ぜ込んだ素地に、白い浮き彫り模様を焼き付けたジャスパーの焼成に成功しました。有名な「ポートランドの壺」は古代ローマンガラスの最高傑作といわれていた壺の復刻品で、初版は大英博物館に展示されています。息子のジョサイア2世は、乳白色と堅牢性が特徴の、ファイン ボーン チャイナを完成させ、現在でもウェッジウッドを代表する素地として愛され続けています。

特別な機会にのみ製作されている「ポートランドの壺」の復刻版。　写真提供：フィスカース ジャパン

スポード Spode

　1770年に陶工ジョサイア・スポードがストーク・オン・トレントに開窯。2代目のジョサイア2世が、ボーンチャイナの質を高めて製品化することに成功します。1784年には、下絵を銅版画転写で行う方法を考案。また、イギリス伝統のストーンウェアに改良を加えた、ストーンチャイナを開発しました。こうした功績が認められ、1806年にジョージ4世から王室御用達の栄誉を賜ります。ヴィクトリア調の格式に、オーソドックスなスタイルの可憐な絵柄が特徴です。

19世紀初期にデザインされた「ブルーイタリアン」シリーズ。
写真提供：ノーブルトレーダース

オーストリア Austria

ハプスブルク帝国の発展に貢献した、軍人オイゲン公の功績をたたえ、命名された「プリンスオイゲン」シリーズのティーカップ＆ソーサー。　写真提供：ノーブルトレーダース

ウィーン磁器工房 アウガルテン Augarten

　1718年に時の皇帝カール6世によって、磁器製造の特権を与えられたのがはじまりです。1744年、女帝マリア・テレジアが、この工房をハプスブルク皇室直属の窯に命じ、全製品にハプスブルク家の紋章である横2本の盾を商標として焼き付けるようになりました。マリア・テレジアの狩猟の館の完成記念に、食器セットを寄贈したのが「マリアテレジア」シリーズで、アウガルテンを代表する絵柄の1つになっています。18世紀末、コバルトブルーや金塗の技法により、美しい古典主義様式の絵画を描く高度な技術も完成させ、世界一の名声を得るようになります。ハプスブルク家の弱体や、工業化による大量生産の影響で、1864年一時閉窯。1924年、アウガルテン宮殿に工房を移し、ウィーン磁器工房アウガルテンとして再興しました。

ハンガリー Hungary

ヴィクトリア女王の名を冠した「ヴィクトリア・ブーケ」シリーズのティーポットとカップ＆ソーサー。牡丹の花と蝶が舞うシノワズリのデザイン。　写真提供：ヘレンド日本総代理店 星商事

ヘレンド Herend

　1826年に、風光明媚なバラトン湖に近いヘレンド村で、磁器製作所としてスタート。1839年にモール・フィッシャーが経営者になると、優れた化学者や陶工、デザイナーを招集し、国内向けの磁器生産から、次第に海外向けの高級磁器の生産に努めます。1851年のロンドン万博でヴィクトリア女王からディナーセットの注文を受けたことにより、ヨーロッパの名窯の1つに数えられるようになりました。1850年に、ロスチャイルド家の注文で製作した「ロスチャイルド・バード」は、現在でも人気の高いシリーズの1つとなっています。

フィンランド Finland

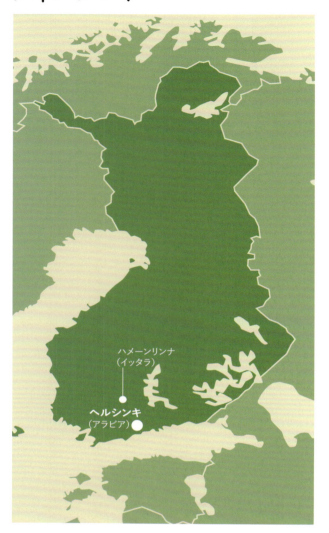

アラビア Arabia

　1873年に開窯したフィンランドを代表する製陶所。スウェーデンのロールストランド社が、ヘルシンキ郊外のアラビア地区に設立し、おもにロシア向けに日常使う食器や陶器を製造していました。1916年にロールストランド社から独立し、フィンランドの国民的製陶所として独自の製品を製造するようになります。王朝文化の影響を受けず、機能美と実用性を重視した製品作りを目指し、日用食器に機能的なデザインを取り入れました。1945年にはカイ・フランク氏も参画し、アラビアの中心的存在として優れたデザインを生み出しました。

時代を超えて愛されているデザインの1つ「エステリ」のマグカップ(下)とプレート(右)。　写真提供：フィスカース ジャパン

イッタラ Iittala

　1881年、ピーター・マグナス・アブラハムッソンによって、フィンランド南西部のイッタラという小さな村にガラス工房として創設されました。個々にデザイン性がありながら、自由な組み合わせが可能な、用途の広い製品を作ることがイッタラの信念です。どんなインテリアにも馴染み、長年使っても飽きのこない、芸術性と機能性を兼ね備えたデザインを目指し、北欧を中心に多くのデザイナーとのコラボレーションによって多数の魅力的な製品を生み出しています。現在はガラス製品以外にも、陶磁器やステンレス製品なども手がけています。

誕生して80年以上高い人気を誇る「アアルトベース」(上)と、「カステヘルミ」(左)のプレート。
写真提供：フィスカース ジャパン

スウェーデン Sweden

ロールストランド Rörstrand

　1726年に王室御用達窯として、ストックホルムのロールストランドに設立されたのがはじまりです。当初はオーストリアなどのスタイルを踏襲していましたが、北欧独特のシンプルで温かみのある製品を作るようになりました。規模の拡張に伴い、ストックホルム南西にある陶器の町リードフェーピングに工場を移転しました。スウェーデンを代表する多くのデザイナーらと手を組むなど、用と美を追求したスカンジナビア・デザインが特徴です。ストックホルムで行われるノーベル賞授与式の晩餐会で使用される「ノーベル」は有名です。

半世紀以上前にデザインされ、ブランドのアイコン的存在だった「モナミ」が新しいデザインで復活。写真はプレートとボウル。　写真提供：フィスカース ジャパン

イタリア Italy

リチャード ジノリ Richard Ginori

　1735年にカルロ・ジノリ侯爵が、フィレンツェ郊外のドッチアに窯を設けたのがはじまり。有田焼の絵柄をモチーフにした「レッドコック」なども製作されました。父・カルロ・ジノリ侯爵の死後に工房を継いだ長男のロレンツォは、上流階級の需要に応え、ロココ風の優美なディナーセットなどを製作するようになります。原色を多用して花やフルーツを表現した「イタリアンフルーツ」は、現代に受け継がれています。1896年にはミラノのリチャード陶器会社と合併し、リチャード ジノリ社として再出発。2013年からはグッチ傘下にて、3世紀に渡る歴史と伝統、高い美意識、クラフトマンシップを受け継ぎ、時代にマッチした新シリーズを発表しています。

日本人デザイナー、皆川明氏デザインによる新シリーズ「スペランツァ」のティーポットとティーカップ＆ソーサー。
写真提供：リチャード ジノリ・アジア パシフィック

日本 Japan

名古屋
(ノリタケ)

戸塚
(大倉陶園)

東京

大倉陶園 おおくらとうえん

　1919年に、東京・蒲田に大倉孫兵衛と和親父子によって設立されました。欧米の一流製品に劣らない高級洋食器の製造を目的に、美術的価値の高い磁器を作り続け、欧米でも「セーブルのブルー、オークラのホワイト」とその美しさが評価されています。品格のあるフォーマルなスタイルとともに、最高級のカオリンを贅沢に使い、高い焼成温度で本焼きされた製品は、白さと硬さ、肌の滑らかさが際立ち、宮内庁御用達、赤坂・京都両迎賓館御用洋食器として知られています。繊細な日本画の技法を用いた素描技法「手描き」、施釉前の素地に彩色する技法「呉須」、大倉陶園独自の秘伝の技「漆蒔」などの絵付技法があります。ブルーの濃淡でバラを描いた「ブルーローズ」は有名です。

「呉須正倉院」シリーズのミート皿とカップ＆ソーサー。正倉院御物の中にあるシルクロードの芳香を色濃く残した宝物から想を得て誕生したデザイン。
写真提供：大倉陶園

ノリタケ

　東京・銀座の輸出商社「森村組」を創業した森村市左衛門・豊兄弟は、事業を通して出会ったヨーロッパ製の白く精緻な洋食器を日本でも製造したいと考え、1904年に名古屋・則武に近代的な大工場を建設。「日本陶器合名会社（現：ノリタケカンパニー）」が誕生しました。試行錯誤を重ねた結果、1914年に日本初のディナーセットを完成させます。その後、"ノリタケチャイナ"の名で世界の洋食器ブランドへと発展。110余年に渡る確かな品質と感性豊かなデザインで、家庭用からホテル、レストランなど幅広く愛用されています。ロングセラーの「ヨシノ」や、白さにこだわった「シェール ブラン」などが知られています。

オールドノリタケの画帖からモチーフを厳選し、現代の感覚でよみがえらせた「和花コレクション」のケーキプレート。　写真提供：ノリタケカンパニーリミテド

Column

洋食器のデザイン構成

洋食器の代表的なデザイン構成を紹介します。
プレートに描かれた絵柄やデザインを生かして
料理の盛りつけを工夫すると、ぐっとプレゼンテーション効果が上がります。

ボーダーパターン
プレートの縁に沿って円周状に絵柄をまわしたデザインパターン。

スプレーパターン
絵柄の大きさに大小をつけたり、プレートの一部にモチーフが描かれたパターン。

チンツパターン
小花などの小さなモチーフを散らしたデザインパターン。

レリーフ
こちらは絵柄のデザインではありませんが、模様を彫り込んだ石膏型を使い、器の素地の表面にレリーフ（浮彫）を施しています。

センターパターン
プレートのセンターに絵柄を施したもの。写真は、センターパターンとボーダーパターンの組み合わせ。

アイテム A：京香旬彩（金時人参）27㎝プレート　B：ジョージアンパレス27.5㎝プレート　C：ポートショア28㎝パーティープレート　D：ジャルダン フルーリ27㎝プレート　E：シェール ブラン28㎝プレート　以上すべてノリタケカンパニーリミテド
※ノリタケの森・ノリタケミュージアムで開催された企画展の解説を引用、参考にしているため、ノリタケ独自の用語が含まれます。

Chapter2

洋食器の基本アイテム種類と使い方

揃えておきたい洋食器の
基本的なアイテムとその用途や、
洋のテーブルセッティングの基本を解説します。

パーソナルアイテム

プレートからカップ＆ソーサーまで、洋食器にはさまざまな種類があります。
大きく分けると、パーソナルアイテムとサービスアイテムの2つに分類できます。
パーソナルアイテムとは、食事やお茶をするために1人分として必要な食器をさします。

パーソナルアイテム
基本の5ピース

デザートプレート（直径21cm前後）

スーププレート（直径19〜23cm）

カップ＆ソーサー

ディナープレート（直径27cm前後）

基本の5ピース

洋食器は、同ブランドの同シリーズで揃えることがステータスとされていました。現代の家庭では必ずしもそうではありませんが、シリーズで揃えておくと便利なパーソナルアイテム「基本の5ピース」を紹介します。

基本の5ピースとは、ディナープレート（直径27cm前後）、デザートプレート（直径21cm前後）、スーププレート（直径19～23cm）、カップ＆ソーサーのことをさします。洋食器の単位はピースと呼び、カップ（茶碗）とソーサー（受け皿）はそれぞれ1ピースと数えるので、全部で5ピースとなります。

この5ピースがあれば、朝食から夕食、ティーのおもてなしまで対応できます。新婚家庭では、最初は2セットからはじめて、家族の人数に応じて偶数で買い足したり、アイテムを増やすことをおすすめします。それが可能なのは、商品の販売期間が長いブランドの食器です。長く使えるものを選びましょう。

覚えておきたい洋食器の名称

リム
プレートの縁の部分。時代やトレンドによって幅が変わり、最近のモダンなプレートは広い傾向です。

クープ
スーププレートのように、深みを持つプレートの名称。

口縁
カップの縁の部分。直接口につけるので、口あたりのよさも重要です。

ハンドル
カップの持ち手のこと。

高台
「こうだい」と読みます。カップの底に付けられた台の名称。

見込み
ソーサーのくぼみの部分の名称。この部分に絵が描かれたものもあります。

アイテム：滑らかな白磁に深いコバルトブルーとゴールドのエッチングが美しいシリーズ。26cmミート皿・20cmデザート皿・23cmスープ皿・カップ＆ソーサー／大倉陶園「瑠璃片葉金蝕」

ショープレート

　ショープレートは、その名の通り「見せるための皿」。かつて王侯貴族の宴席で行われていた美しい皿で歓迎する習慣を、フランス革命後、レストランの台頭により、町のレストランが引き継いだことに端を発しています。サイズは直径30〜32㎝で、素材は陶磁器のほか、ガラス、レザーなど豊富です。ゲストが席に着き、サービスがはじまると下げられます。美しい絵や色で彩られたショープレートは、食卓への期待感を高めてくれる存在です。

　プレゼンテーションプレート、飾り皿、アンダープレート、位置皿（プレイスプレート）とも呼ばれ、家庭では、アンダープレートや、1人分のスペースを決める位置皿として使用します。上にディナープレートを重ねて、メイン料理が終わるまで使います。

アイテム　上：ホワイト＆ゴールドの華やかなデザインは、パーティーやおもてなしのシーンにぴったり。プレート30.5㎝ ホワイト・ゴールド／ルザーン「ディーバ ロータス」　**下：**見る角度によってさまざまな表情を見せるプレート。取り分けスタイルの食事で大皿として使っても。ビュッフェプレート32㎝（full decor）／レイノー「ミネラル シエナ」

ディナープレート

　メインディシュ用のプレート。最初に揃えたいプレートですし、テーブルコーディネートでは、ディナープレートのスタイルやイメージに合わせてプランニングします。直径27cmが基本ですが、直径25cm、直径30cmのものもディナープレートとして使われます。最近では、プレゼンテーション効果を高めるため、ディナープレートでオードブルやデザートを提供するレストランもあります。美しい絵柄を生かした盛りつけは、料理人の腕も見せどころでしょう。食事が終わってから見えてくる絵柄にもサプライズ感があります。

　フォーマルなセッティングではショープレートとしても使えますが、ダブルプレート（皿を重ねること）はしません。

洋食器の基本アイテム 種類と使い方 ❖ パーソナルアイテム

アイテム 上：名作「インドの華」の一部を取って作ったと伝わるシリーズ。ディナープレート25cm／ヘレンド「アポニー・グリーン」　**下**：ブランドを代表するシリーズの1つ。ギリシャ神話の「グリフィン」がモチーフで、鮮やかなターコイズとの組み合わせが印象的。プレート27cm／ウェッジウッド「フロレンティーン ターコイズ」

デザートプレート

　直径21cm前後のプレートで、ブランドによってデザートプレート、サラダプレートと呼び名が変わります。その名の通り、デザートやサラダ用の器です。日本の食卓ではライス用に、また1人用の盛り皿、取り分け皿としても重宝します。家庭での3コース（オードブル、メイン、デザート）の食事でダブルプレートにする場合、このデザートプレートが、ディナープレートの上に重ねるのにもっともバランスがよいサイズです。

アイテム　上：ポルトガルの磁器メーカー、スパルのプレート。こちらは日本をイメージして作られたシリーズ。デザートプレート21cm／スパル「フォール」　**下**：68頁のコーディネートで使用しているシリーズ。ブラックはまた違ったモダンな雰囲気。プレート22cmブラック／イッタラ「タイカ」

洋食器の基本アイテム 種類と使い方 ❖ パーソナルアイテム

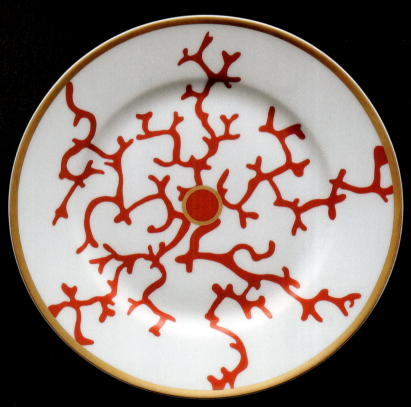

ケーキプレート

　直径18cm前後のケーキプレートは、本来の用途だけでなく、パンプレートとして、また取り分け皿としても使える汎用性の高い器です。カップ＆ソーサーと組み合わせてティータイムの演出や、ビュッフェパーティーの取り分け皿としても持ちやすく、ちょうどよい大きさです。ブランドによっては、ケーキプレートとサラダプレートを厳密に分けていないところもあるため、サイズはあくまで目安です。合わせやすいものを選んでください。

33

アイテム 上：バラをはじめ多種多様な花々が大胆にデザインされ華やか。ケーキは、中央を外して余白のところに盛るとフォトジェニック。プレート18cm／ウェッジウッド「ジャスパー・コンラン フローラル」　**下：**南国の明るい光と珊瑚や魚がモチーフの人気のシリーズ。サラダプレートNO.1 19cm／レイノー「クリストバル」

パンプレート

直径16cm前後のプレートで、パン用としてのほか、小さめのケーキや、取り分け皿として使います。ディナープレートとパンプレートを同じシリーズで持っておくと、改まった席にも使うことができて便利。パンプレートは、ディナープレートの左側に配置します。

アイテム 右：柿右衛門様式の影響を受けて作られた人気のシリーズ。"ヘレンドグリーン"と呼ばれる独特の清楚な緑色と、細やかな手描きの細工が見事。パン皿／ヘレンド「インドの華」 **左**：そよ風に蝶が舞うような絵柄は、春のテーブルにぴったり。パンプレート16cm／レイノー「ヒストリーナチュール」

洋食器の基本アイテム 種類と使い方 ❖ パーソナルアイテム

シリアルボウル

　直径16〜17cmで、シリアルほか、サラダやフルーツを盛り合わせるなど、汎用性が高い器です。基本の5ピースの1つとして、スーププレートの代わりに揃えてもよいでしょう。スナック菓子を盛ったり、カジュアルなシーンでも活躍します。

ブイヨン（コンソメ）カップ&ソーサー

　ハンドルが、両サイドに付いている形が特徴的。コンソメやポタージュなどのスープを盛る器で、フォーマルなテーブルセッティングには欠かせないアイテムです。クリームスープ碗皿とも呼ばれ、ソーサーとセットで使います。カトラリーは、ブイヨンスプーンを使います。

スーププレート

　クーププレートとも呼ばれる器。直径23〜24cmのものと、一回り小さい19cm前後のものがあります。カレーやシチュー、パスタにも使えます。汎用性が高く、ディナープレートと重ねて使えばおもてなし感の演出にも役立ちます。カトラリーは、スープの場合は、テーブルスプーンになります。

アイテム 左上：海辺の風景から着想された、現代的でエレガントなデザイン。シリアルボウル／ベルナルド「エキュム ホワイト」　**右**：バロック様式の格調高いシェイプが特徴。永遠の定番といわれるシリーズ。スープカップ&ソーサー／リチャード ジノリ「ベッキオ ジノリ ホワイト」　**左下**：青紫のプラムを中心にフルーツや小花を散らした明るく楽しい絵柄の器。スーププレート24cm／リチャード ジノリ「イタリアンフルーツ」

カップ&ソーサー

カップ&ソーサーは、ハンドルのある洋風の碗と受け皿のこと。
いただく飲み物によって器の大きさや形が異なります。
ここでは紅茶、コーヒー、エスプレッソ用の
カップ&ソーサーの形の特徴を比較します。

ティーカップ&ソーサー

　お茶を飲むための器。紅茶やハーブティーは、味とともに色や香りも楽しむものなので、口径が広いことと、素地が白の器が多いのが特徴です。容量は200ml前後です。お茶は、もともとは薬として煎じて飲まれており、ティーカップ&ソーサーの原形には、カップにハンドルは付いていませんでした。紅茶がイギリスにもたらされたのは17世紀で、19世紀中頃にアフタヌーンティーが登場し、お茶の淹れ方、飲み方、マナーなどヨーロッパの茶の文化が成立したといわれています。カップにハンドルが付いたのはこの頃で、やけどを防ぐためのアイデアだったとか。
　アフタヌーンティーは、女性の社交の場でもあるため、カップ&ソーサーも優美で繊細、エレガントなものが多く見受けられます。また、紅茶とコーヒーを兼用できる形状のものもあります。

アイテム 左：バラ、アサガオ、クレマチスなどの彩り豊かな花の絵柄と、マットゴールドの縁模様が優しく繊細で上品。ティーカップ&ソーサー（ピオニー）／ウェッジウッド「ローズ ゴールド」　**右**：19世紀のハプスブルク家に愛された、高貴な1輪のバラが白磁に映える絵柄はロングセラー。ティーカップ&ソーサー／ヘレンド「ウィーンの薔薇」

コーヒーカップ&ソーサー

コーヒーカップは、ティーカップに比べると口径が狭く、筒形が多いのには理由があります。コーヒーの抽出温度が紅茶に比べて低いので、冷めにくいようにするためと、香りが立つようにするためです。容量は150〜180ml前後が中心。コーヒーカップもティーカップも、ハンドルに指は通さず、つまむように持つことがマナーとされています。

アイテム　上：フォーマルなシーンでも、明るい日差しの下のカジュアルなテーブルにも似合います。コーヒーカップ&ソーサー／レイノー「クリストバル」ターコイズ　左：アウガルテン最古の絵柄の1つ、プリンスオイゲンに彩色を施したもの。東洋風の色合いが目を引きます。コーヒーカップ&ソーサー／アウガルテン「カラフルシノワズリ」

デミタスカップ&ソーサー

エスプレッソ専用の器。フランス語でdemi（デミ）は「半分」、tasse（タス）は「カップ」をさします。容量は100ml前後で、濃く淹れたエスプレッソは、たくさんの量は飲めないため、理にかなっています。ヨーロッパの食後のコーヒーは、デミタスカップに淹れたエスプレッソであることが多いです。小さなカップ&ソーサーはかわいらしく、コレクターも多いでしょう。アミューズ用カップとして、食事のスターターに使っても素敵です。

アイテム　上：100頁でアミューズ・ブーシュを盛る器として使用したシリーズ。シルバーも魅力的。エスプレッソ・カップ&ソーサー／ベルナルド「アノ」シルバー　右：イタリアデザインの巨匠ジオ・ポンティが生み出した洗練されたデザイン。蓋付きデミタスカップ&ソーサー／リチャード ジノリ「カテーネ スカーレット」　左：野鳥と昆虫が生き生きとしたタッチで描かれたカップ。ソーサーの絵柄も繊細。モカカップ&ソーサー／ヘレンド「ロスチャイルド・バード」

サービスアイテム

食事やお茶をするために1人分として必要なパーソナルアイテムに対し、
テーブルに1つあれば共有し、取り分けできる食器をサービスアイテムといいます。
ここではサービスアイテムの中でも代表的なものを紹介します。

キャセロール

煮込みやシチューなど、温かい料理を入れて食卓でサービスをするための蓋付きの器です。華やかな形状や存在感のある大きさから、テーブルの中央に置けばセンターピースの役割も果たします。蓋付きの厚手の煮込み鍋のこともこう呼びますが、ここでいうキャセロールは火にかけることはしません。

アイテム：繊細で精巧な陶花がふんだんに施されたキャセロールは、ヨーロッパの食卓の美学（華やかで、豪華に）を彷彿させるものがあります。フラワーキャセロール／ヘレンド

プラター

　オーバルとも呼ばれ、オードブル、サンドイッチ、食材を盛り合わせるなど、さまざまな用途に使えて重宝する大皿です。サイズは長径30〜40cm程度のものが一般的。特にパーティーでは、ビュッフェテーブルでもシッティングの場合にも欠かせないアイテムです。料理をプラターに用意し、ゲストに取り分けていただくスタイルにすると、ホステスのサービスはぐっと楽になります。

洋食器の基本アイテム 種類と使い方　❖　サービスアイテム

アイテム：優美なラインのシェイプに、野イチゴと水玉（ポア）が描かれています。黒の縁取りでシャープさが加わった大人のかわいいデザインは、幅広いシーンで活躍しそう。オーバルプラター34cm／リチャード ジノリ「イタリアンポア 野いちご」

Column
バックスタンプについて

　バックスタンプとは、器の裏面に記されている窯印(かまじるし)のことで、器の情報源です。バックスタンプは時代によってデザインが変わり、ここを見ると、どこのブランドのものであるかはもちろん、どの時代に作られたものか、また製造方法などを知ることもできます。その器が本物かどうかを知る材料にもなります。また、器の正面（上下）を確認したいときに、バックスタンプの向き（上下）で判断することもできます。

右：ヘレンドのバックスタンプ。「HANDPAINTED」の文字から、手描きであることがわかります。　**左**：ウェッジウッドのバックスタンプ。器のシリーズ名や、ボーンチャイナ製であることが記載されています。

ティーポット・シュガーポット・クリーマー

　ティーポットは、紅茶を淹れるために用いる洋式の急須です。紅茶はホステス（女主人）がゲストの前で行うものなので、美しいデザインのティーセットがあれば、それだけでテーブルを囲む皆の心が躍ります。

　紅茶をおいしく淹れるために大切なことは、茶葉のうまみを引き出すこと。そのためには、茶葉がジャンピング（茶葉がポットの中で、浮いたり沈んだりすること）することが必要です。ティーポットが丸いほど茶葉が揺れやすく、うまくジャンピングさせることができます。そのために、丸い形状のティーポットが理想的です。見た目の美しさと同時に、機能性も考えて選びましょう。

　ティーポットと揃いのシュガーポット、クリーマーの3点で、ティーセットの完成です。

アイテム: 蓋に"ヘレンドグリーン"の陶花があしらわれ、ハンドルやティーポットの注ぎ口にも細かな絵付が施されています。東洋的でエキゾチックなデザインは時代を超えて愛される逸品です。ティーポット・シュガーポット・クリーマー／ヘレンド「インドの華」

アイテム：ギリシャ神話「キューピッドとプシュケの物語」からデザインソースを得たシリーズ。結び目のないリボンのようなデザインは、解けることのない永遠の絆を表現。細部にこだわりが感じられます。ティーポット(S)・シュガーボックス(S)・クリーマー(S)／ウェッジウッド「プシュケ」

洋食器の基本アイテム 種類と使い方 ❖ サービスアイテム

41

アイテム：ビーダーマイヤー時代の画家、ダフィンガーが、オーストリア皇帝フランツ1世の命によって描いた、野草やアルプスの花をモチーフにした典型的なウィーンスタイルのデザイン。人気の高いシリーズの1つです。ティーポット(S)・シュガー(S)・クリーマー(S)／アウガルテン「ビーダーマイヤー」

コーヒーポット・シュガーポット・クリーマー

　コーヒーを淹れるためのコーヒーポットは、ティーポットに比べて細長いものが多くなっており、それにも理由があります。コーヒーは、今では抽出してからポットに注ぎ、テーブルの上でサービスしますが、昔はポットや深めのカップにコーヒーの粉を入れて湯を注ぎ、しばらくしてから上澄みを飲むものだったそうです。その習慣を受け継いでの形状です。

アイテム：ウィーン磁器工房アウガルテンとして、工房が再建された1924年頃に作られたシリーズ。ウィーンの伝統的な花模様、バラがモチーフとなり、上品で美しい色づかいと優雅なデザインがコーヒータイムを彩ります。コーヒーポット(S)・シュガー(S)・クリーマー(S)／アウガルテン「ウィンナーローズ」

Column

ティーセットのセッティング

　ティーのセッティングでは、サービスアイテムはティートレーにのせて供しましょう。熱いポットを木製のテーブルに直置きするとテーブルが傷む心配がありますし、せっかく選んだ器のエレガントな印象が薄れてしまいます。

　ティーセットをのせるティートレーは、シルバーや木製など、ティーセットの格やテーブルコーディネートのイメージに合わせて選びます。トレーの上には、滑り止めと吸音のためにドイリーを敷きます。レースなら繊細で上品な印象になります。レースは「糸の宝石」とも呼ばれ、テーブルにたくさんのレースがあることは、ゲストに対しての最高の敬意ともいわれています。美しいティータイムの演出には、レースのドイリーは欠かせない存在です。

　カジュアルなシーンでは、レースの代わりにティータオルを使用しても OK です。

Column

洋食器の様式 1

バロック

　建築、絵画、工芸などの芸術作品において、ある時代や地域、民族に共通する形式に基づいて作られた表現方法を「様式」と呼びます。テーブルウェアも、少なからずこの影響を受けています。ヨーロッパ近世以降の陶磁器に見られる様式上の特徴をバロック、ロココ、ネオ・クラシック、コンテンポラリーと4つに大別し、解説します。

　バロック様式は、17世紀初頭から18世紀中期にかけてヨーロッパで一世を風靡した様式です。バロックという言葉は、ポルトガル語の「ゆがんだ真珠」が語源といわれています。15～16世紀の端正で均整のとれたルネッサンス建築に比べ、複雑な構成と過剰な装飾を持つこの時代の建築を、軽蔑的な意味を込めて呼んだことが由来です。その後美術、音楽、文化、時代までも含めた概念となりました。
　特徴としては、豪華、華麗、不整形、楕円形モチーフなどが挙げられ、重厚感があり躍動的、機能性よりも装飾に重きをおいたデザインです。木の素材に金を塗ったり、金箔を貼るなど工芸的な技術も進みました。建築では、バチカン市国のサンピエトロ大聖堂やフランスのベルサイユ宮殿が代表的です。
　バロック様式からデザインソースを受けている器の特徴として、レリーフ（浮彫）があります。リチャード ジノリの「ベッキオ ジノリ ホワイト」や、ヘレンドの「バロックホワイト」は一例です。絵柄がほかの様式でもリムがレリーフになっている場合もあります。また、金のハンドルなどもこの様式のデザインで、幾何学模様、アカンサスの葉装飾も見られます。

アイテム 右に重ねた器：ベルナルド「フリヴォル」コーヒーカップ＆ソーサー・プレート21cm　下：ヘレンド「ウィーンの薔薇」デザートプレート　左・下の器：リチャード ジノリ「ベッキオ ジノリ ホワイト」プレート26cm　左・上の器：ヘレンド「バロックホワイト」シェルディッシュ

Column

洋食器の様式 1

洋食器に合わせる基本アイテム

テーブルコーディネートをするうえで、洋食器のほかに必要なアイテムがあります。
カトラリー、グラス、リネン、フィギュアの4アイテムです。
カトラリーとグラスには洋食器同様に、パーソナルアイテムとサービスアイテムがあります。
ここでは基本的なパーソナルアイテムを紹介します。

カトラリー

　ナイフ、フォーク、スプーンの総称で、食べ物をカットして口にラリー（運ぶ）ということからこの名がついたといわれています。フラットウェアとも呼ばれます。フォーマルからカジュアルまで、選ぶデザインや様式、素材によってコーディネートの格やスタイルを表現することができます。素材としては、純銀（スターリングシルバー）、銀メッキ（シルバープレーテッド）、ステンレスの3つに大別できます。カトラリーのデザインは、洋食器と同じように、ヨーロッパの美術様式をデザイン化したものが主流です。使う洋食器にふさわしいカトラリーを選びましょう。

アイテム：著者私物（46～49頁）

アイテム名：
- **A** テーブルフォーク（メインデッシュ用）
- **B** デザートフォーク（オードブル兼用）
- **C** フィッシュフォーク（魚用）
- **D** バタースプレダー（バター用）
- **E** フィッシュナイフ（魚用）
- **F** デザートナイフ（オードブル兼用）
- **G** テーブルナイフ（メインデッシュ用）
- **H** デザートスプーン（スープ用）
- **I** ブイヨンスプーン（スープ用）

※ほかにはディナー用のテーブルスプーンもありますが、日本人の口には大きすぎるという考えから、デザートスプーンを使う場合もあります。

グラス

　透き通った美しさや、光によって反射し、神秘的な輝きを見せるガラス器。今は夏だけでなく、季節を問わず食卓に欠かせないアイテムとなりました。特に飲料を注ぐグラスは、洋のテーブルセッティングではマストアイテムです。グラスは、飲む物によって大きさや形状が変わります。また用途に応じて、素材の種類が大きく3つに分けられます。高級グラスの材料として知られるクリスタルガラス、一般的に使われているソーダガラス、耐熱用品、調理用品に使われる耐熱ガラスです。カトラリー同様、使う洋食器にふさわしいものを選びましょう。

アイテム名：
A　トールシャンパングラス
B　白ワイングラス
C　赤ワイングラス
D　ゴブレット（水用）
E　リキュールグラス
F　タンブラー（水用）

テーブルリネン

　食卓に使うファブリック全般をテーブルリネンと呼び、素材、色合い、形状はさまざまです。リネンとは、麻の亜麻に由来し、フォーマルなシーンで使うテーブルクロスは、麻の白のダマスク織※とされています。素材は、麻以外に綿、ポリエステル、混紡、レーヨンなどがあり、撥水加工されたテーブルクロスもあります。色柄を選ぶときは、季節や料理、食器、インテリアを考慮します。ナプキンは、正式にはテーブルクロスと同じ素材のものを使い、フォーマルな席ではシンプルにたたみます。テーブルに掛ける帯状のテーブルランナーはアクセントにも。ナプキンは、ティー用には食事用よりひとまわり小さいものを使います。

※花や果物、植物、紋章、貝殻などの模様が、生地に織り込まれた、テーブルサイズに合わせて仕立てられた織物。

アイテム名：
A テーブルクロス（ダマスク織）
B テーブルランナー
C テーブルナプキン
D ティー用ナプキン

フィギュア

　フィギュアとは置物を意味し、テーブルの上では食器、グラス、カトラリー、リネン以外のものをさします。テーブルフラワーやキャンドルスタンド、花器、ワインクーラー、キャンドル、ソルト＆ペッパー、ナプキンリング、カードスタンド、グラスマーカーなど、大きなものから小さなものまで、さまざまなものが含まれます。会話のきっかけを作るトーキンググッズでもあります。テーブルのテーマやコンセプトに合わせてフィギュアを活用することでストーリーが明確になり、演出に重要な役割を果たします。

アイテム名：
A　キャンドルとキャンドルスタンド
B　鳥のフィギュア
C　シルバーのソルト＆ペッパー
D　花器
E　グラスマーカー
F　ネームカードスタンド
G　コンポート
H　ナプキンリング
I　キャンドルホルダー
J　ドームスタンド
K　カトラリーレスト

洋食器のテーブルセッティングの基本

洋のテーブルセッティングは、フォーマル、セミフォーマル、
略式ディナー、カジュアルに大別できます。
セッティングにはルールがあり、これには美しさだけでなく機能的な理由があります。
これだけはおさえておきたいルールについて解説します。

パーソナルスペースとパブリックスペース

テーブルを構成するゾーンは、パーソナルスペースとパブリックスペースに分けられます。

パーソナルスペースは、テーブル上で1人が食事をするのに必要なスペースで、幅45cm（一般成人の肩幅）、奥行き35cmが必要とされています。隣との間に間隔15cmが加わります。奥行き35cmは、カトラリーを配置する範囲で、直径27cmのディナー皿とカトラリーをフルセッティングするのに必要なスペースです。この場合、ディナープレートを左に置いて、幅45cmにまとめると、バランスよくきれいに仕上がります。フォーマルな

テーブルで、カトラリーをフルセットする場合でも60cm以内に収めます。テーブルの端を15cmあけることも留意しましょう。

パーソナルスペース以外を、パブリックスペースと呼びます。大皿やセンターピースを置く共有部分で、長径30cm程度のプラターがセットできる幅が理想的です。パーソナルスペースを確保したうえでパブリックスペースを割り出し、センターピースに飾る花の大きさを計算していきます。テーブルフラワーは、テーブルの9分の1以内に収めます。センターピースを中心に、シンメトリーで構成していくのが洋のテーブルセッティングの基本です。

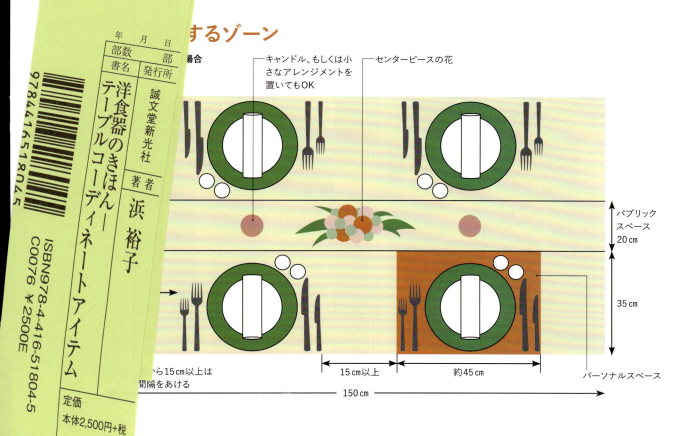

テーブルセッティングの基本例

オードブル、メインディッシュ、デザートの3コースのセッティングの基本を、
セミフォーマルディナーと略式ディナーを例に解説します。

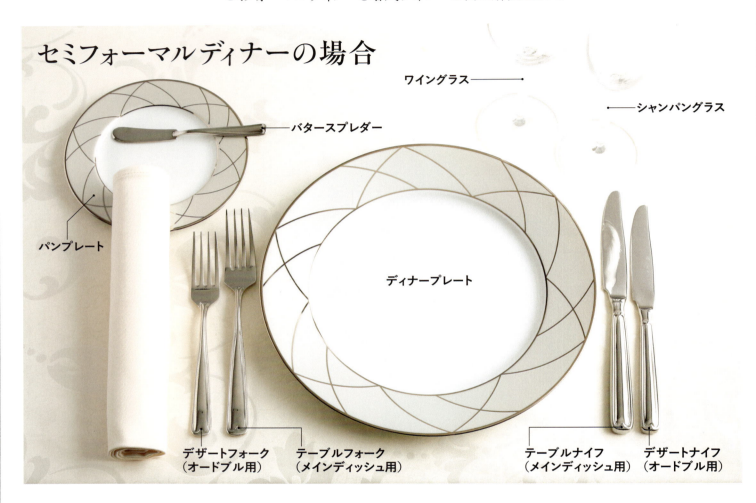

セミフォーマルディナーの場合

（ラベル）ワイングラス／シャンパングラス／バタースプレダー／パンプレート／ディナープレート／デザートフォーク（オードブル用）／テーブルフォーク（メインディッシュ用）／テーブルナイフ（メインディッシュ用）／デザートナイフ（オードブル用）

改まったシーンや、おもてなしの席のセッティングにセミフォーマルがあります。テーブルクロスは白かペールトーンを選び、ナプキンも同色にします。ディナープレートとパンプレートは同じシリーズで揃えます。フォーマルとセミフォーマルの場合は、器をシリーズで使うことが望ましいとされています。

セッティングの仕方

1 ディナープレートは、テーブルの端から3cm（2指の幅。左の写真参照）のところに置きます。パンプレートは左ですが、スペースに余裕がないときは、上の写真のように左上にセットし、バタースプレダーをプレートの上に置きます。
2 カトラリーは料理の数に準じて、ディナープレートの両脇に置きます。テーブルの端から4cm（3指の幅。左の写真参照）の位置に、使う順番に外側から並べます。ナイフは右、フォークは左です。写真は3コースなので、オードブル用のデザートナイフとデザートフォーク、メインディッシュ用のテーブルナイフとテーブルフォークになります。
3 グラスの位置は、テーブルナイフの先からスタート。いただく順番で外側からシャンパングラス、ワイングラスの順にセットします。
4 ナプキンは、料理がのるディナープレートの上は避け、左側にシンプルな折り方でセットします。

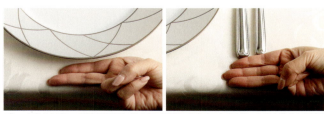

プレートやカトラリーを置く位置は、指の幅で確認できます。人差し指、中指を揃えた幅（写真左）が3cm（2指）、薬指も揃えた幅（写真右）が4cm（3指）となります。

略式ディナーの場合

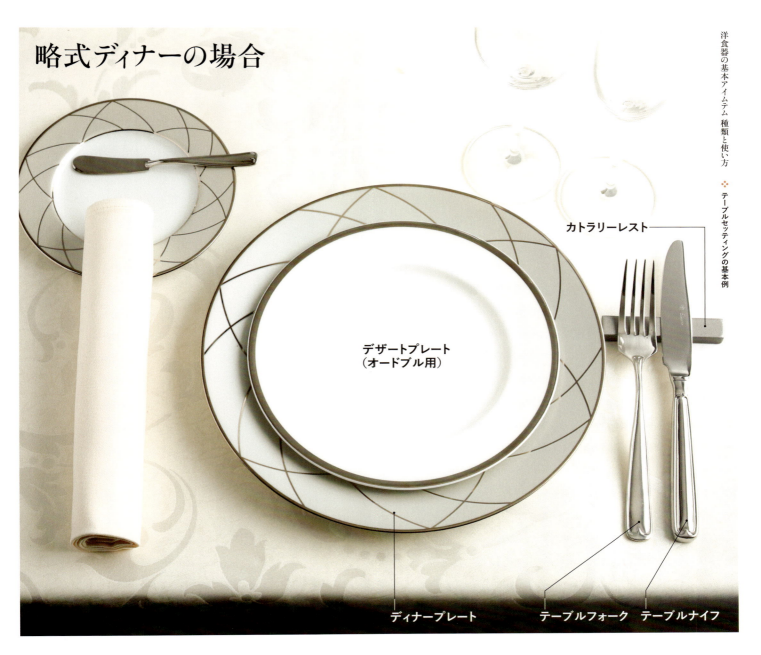

セッティングの基本例

カトラリーレスト
ディナープレート　テーブルフォーク　テーブルナイフ
デザートプレート（オードブル用）

　家庭向きのセッティングです。上に重ねたデザートプレートでオードブルを提供し、オードブルの皿を下げるときにメインディッシュは大皿でサービスし、ディナープレートに取り分けるスタイルにすると、ホステスの中座は1回ですみます。略式では、器は同じシリーズで揃えなくても構いません。

セッティングの仕方
1 ディナープレートをテーブルに置き、上にデザートプレート（オードブル用）を重ねてダブルプレートにします。
2 カトラリーを置くためのカトラリーレストを置き、テーブルナイフとテーブルフォークをセット。これは「オードブルもメインディッシュもこのナイフ、フォーク1本でお願いします」のサインです。
3 グラスやカトラリーが右側に集中するため、ナプキンは左側にセットします。略式ディナーやカジュアルなシーンでは、ナプキンリングを使用してもよいでしょう。フォーマルやセミフォーマルでは使いません。

ショープレートとパンプレートのセッティングの場合は、ショープレートに食べ物がのることがないので、ナプキンをショープレートの上にのせてもOK。

Column

洋食器の様式 2

ロココ

　フランス宮廷を中心に、18世紀の初頭からフランス革命までの約75年間に栄えた装飾様式です。ルイ15世の愛妾、ポンパドール夫人が活躍し、宮廷文化が花開いた時代です。この王朝風スタイルをロココと呼び、もとは工芸品や室内装飾に見られる非左右対称の装飾様式をさしていました。やがてヨーロッパ各国に伝わり、淡い色調のパステル画や優美な宴のテーブルウェアなど、この時代の美術全般をロココ様式と呼ぶようになりました。

　この頃、東洋の磁器への関心が貴族階級のあいだで高まりました。コーヒー、紅茶、チョコレートなどがヨーロッパに伝えられ、喫茶の習慣が磁器焼成への情熱に拍車をかけ、ザクセン国王アウグスト1世（強王）の命で、若い錬金術師ベトガーが硬質磁器の焼成に成功。テーブルウェアは、銀器から磁器へと移行していきます。

　ロココ様式の特徴としては、エレガント、洗練、女性的、優美、アシンメトリー、曲線などが挙げられます。猫脚の家具は、もっとも特徴的です。装飾にはロカイユ模様（貝殻や小石などを形どった曲線状の模様）や、リボン、ガーランド、小花、バラのモチーフなどが多用されています。

　器も同様で、ロワイヤル・ド・リモージュの「マリー・アントワネット」のプレートには、王妃の愛したヤグルマギクが描かれています。またロココ時代を代表するフランス人画家ワトーの絵がもととなったマイセンの「ワトー」も、この様式を象徴するような優しく女性的な絵柄です。

アイテム 右上から時計回りに：リチャード ジノリ「アンティック ローズ」プレート21㎝、ロワイヤル・ド・リモージュ「マリー・アントワネット」プレート26㎝、マイセン「ワトー」プレート18㎝、アウガルテン「マリアテレジア」ディナープレート、ヘレンド「ジュリア」ディナープレート

Column ❖ 洋食器の様式 2

Chapter 3

シーン別
洋食器のテーブル
コーディネート

ブレックファストからディナーまで、
シーンに合わせた洋食器での
食卓演出方法を紹介します。

Breakfast Table 1

キッチンから はじまるハート ウォーミングな朝

　北欧食器ブランドの代表格の1つに、フィンランドのアラビアがあります。そのもっとも有名なシリーズとして、フィンランド語で「楽園」を意味する「パラティッシ」が挙げられるでしょう。プレートというキャンバスに描かれた果実や花が大胆で楽しく、しかも丈夫で実用的な器です。

　ひんやりした白いタイルにテーブルマットを敷き、「パラティッシ」のオーバルプレートをセットすると、素朴で温かい気持ちに包まれます。プレートに描かれたブドウに合わせて、今朝のフルーツはブドウをセレクト。料理は、オーバルプレートから取り分けます。

　幸せは身近なところにあると感じる、飾らない日常の朝。豊かな食空間、心温かなコミュニケーションを育む時間でもあります。

おもな使用アイテム：オーバルプレート36cmと25cm・プレート21cm・コーヒーカップ＆ソーサー／アラビア「パラティッシ」パープル、テーブルマット／イケア、カトラリー／ラッキーウッド

Coordination Advice!

フルーツを盛ったプレートの下に
安定する台を嚙ませると
高低差が生まれ、取りやすく
ビジュアル的にも効果的です。

フィンランドのビルガー・カイピアイネンによって、1969年にデザインされた「パラティッシ」。忙しい朝のキッチンでの朝食は、手間暇かけられずとも楽しいプレートでいただけば、1日のはじまりに気分が上がります。

⊰ セッティング ⊱

アイランドキッチンの白いタイルとプレートの間に、紺色のテーブルマットを敷くことで器を際立たせています。反対色のオレンジをアクセントカラーとし、少量の花やナプキン代わりのキッチンタオルを配し、素朴さの中に都会的でモダンな印象をプラス。

⊰ ナプキン&カトラリー ⊱

ナプキンとして使用したのは、ざっくりとした質感の暖色のキッチンタオル。カトラリーもかっちり並べずに、少し遊んでセッティング。

⊰ カップ&ソーサー ⊱

プレートと同じシリーズのコーヒーカップ&ソーサー。ハンドルは右にくるようにセットすると美しく、理にかないます。

Column

イングリッシュブレックファストと
コンチネンタルブレックファストの違い

英語で朝食を意味するブレックファストは、break（中断）fast（断食）という意味があります。朝食には、大きく分けてイングリッシュブレックファスト（アメリカンブレックファスト）とコンチネンタルブレックファストがあります。

前者は、英国、米国スタイルで、果汁、コーヒーまたはティー、フルーツ、シリアル、ベーコンやソーセージなどを付け合わせた卵料理、トーストとたっぷりの内容です。セッティングもワンプレートとはいかず、料理に合わせた器やカトラリーが必要です。後者は、フランスやスペイン、イタリアなどのヨーロピアンスタイル。食事は夜にしっかりいただくため、コーヒーまたはカフェオレ、クロワッサン、ブリオッシュなどの軽い朝食になります。カップ&ソーサーかマグカップに、プレート1枚、ナイフ・フォーク各1本ぐらいの簡易なセッティングで十分です。

Breakfast Table 2

ベジ＆
ビタミンチャージ
ブレックファスト

　朝のお気に入りは、優しい陽光が注ぐ窓際のテーブル。ときには真っ白のテーブルクロスを掛けて、色とりどりの野菜をテーマにした朝食はいかがでしょうか？　日本を代表する洋食器ブランド、ノリタケの「京香旬彩」は、京野菜を白磁の器にのせたかのようなシリーズ。しっとりと優しい色みとタッチで表情豊かに描かれた野菜には、どこか新しさを感じます。

　直径27cmのプレートの上にボウルを重ねてセッティング。絵変わりなので、いろいろな野菜を組み合わせても楽しいもの。写真は、金時人参の絵柄で揃えました。

　テーブルにはシリアルにトースト、自家菜園の朝摘み野菜とコーヒーを用意。シンプルで上質な朝のひとときです。

おもな使用アイテム：27cmプレート（金時人参、鹿ケ谷南瓜）・14cmボウル（金時人参、九条葱）、15cmスクエアプレート（金時人参、九条葱）・マグ（金時人参、鹿ケ谷南瓜）／ノリタケ「京香旬彩」、グラス／ショット ツヴィーゼル、カトラリー／サクライ、テーブルクロス／テキスタイル来住

Coordination Advice!
絵柄を隠さないように
プレートとボウルを重ね、
楽しく表情豊かに。

白磁に大胆に京野菜があしらわれた「京香旬菜」のプレートとボウル。こちらは鹿ヶ谷南瓜と九条葱がそれぞれ描かれたものをセレクト。絵柄を生かして料理を盛りつけるのも楽しい。

シーン別 洋食器のテーブルコーディネート ❖ Breakfast Table 2

❰ セッティング ❱

朝食は、清潔感があり爽やかな印象にしたいので、ベースカラーは白に。プレートに使われている色や野菜のビビッドな色を際立たせたカジュアルテーブル。

❰ メイソンジャー ❱

シリアルは、ねじ蓋がある広口の保存用ガラス瓶、メイソンジャーに入れて用意。気密性があるため湿気防止になるのと同時に、演出効果もあります。紀州塗の折敷の上に、ドリンクと並べてセット。

❰ センターピース ❱

サラダボウルにたっぷりの朝摘み野菜を盛り、センターピースに。カジュアルなテーブルでは、必ずしも花を飾る必要はありません。

❰ ペーパーナプキン ❱

たまたま見つけた、クローバーとテントウムシの絵柄のかわいらしいペーパーナプキンを合わせて。カジュアルなテーブルでは遊び心も盛り込みたい。シンプルに折って添えます。

❰ マグカップ ❱

「京香旬彩」のマグ。飲み物をたっぷりいただきたいときや、身内での食事など日常の食卓では、ソーサーのないカップも便利。

65

Column

洋食器の様式 3

ネオ・クラシック

1770～1830年頃にヨーロッパ全域で流行した様式で、新古典主義とも呼ばれます。フランス革命後、優雅なロココ様式に対する反動から起こった「古きよき古典へ」の復興様式の一種です。18世紀中頃のヘルクラネウムとポンペイの古代ローマ都市の発掘が引き金となり、古代への憧れがこの思想に発展しました。

ネオ・クラシック様式の特徴は、古典的な均衡と調和のとれたデザインで、古代ギリシア・ローマの美的形式を基本としています。「英国陶工の父」といわれるウェッジウッドの創始者、ジョサイア・ウェッジウッドは、この時代にギリシャ神話をモチーフにしたジャスパーウェアを製作、有名な「ポートランドの壺」を新古典主義として発表しました。ウェッジウッドの「ルネッサンス ゴールド」は、ネオ・クラシックスタイルを現代風にアレンジしたパターンです。

この様式の影響を受けた器の特徴としては、リムに、パルメット（花や葉が扇状に広がった植物模様）やガーランドが描かれ、金彩を施したものが多いことです。豪華でありながら、規則的で簡潔な印象もあります。

ネオ・クラシック様式が一世を風靡した時代の後半、フランスではアンピール様式と呼ばれる装飾が流行しました。アンピールは「帝政」を意味し、ナポレオン1世の時代です。ベルナルド「コンスタンス」に見られる、金彩の施されたオークの葉とドングリが交互に並ぶ模様は、アンピール時代の代表的なデザインです。

アイテム **右上から時計回りに：**ウェッジウッド「ルネッサンス ゴールド」プレート27cm、アウガルテン「カレッジ（クラージュ）」コーヒーカップ＆ソーサー、ベルナルド「コンスタンス」26cmプレート、ベルナルド「ソバージュ」ティーカップ＆ソーサー

Column 洋食器の様式 3

シーン別 洋食器のテーブルコーディネート ❖ Lunch Table 1

Lunch Table 1

プレミアムフライデーのカジュアルランチ

　明日は週末。月末のプレミアムフライデーなら、いつもより解放的な気分に包まれます。そんな日の気のおけない仲間たちとのカジュアルランチテーブルです。器は、フィンランドのリビングウェアブランド、イッタラから、絵柄も楽しい「タイカ」シリーズを選びました。

　カトラリーレストやナプキンリングが使えるのも、カジュアルテーブルならでは。軽めのカジュアルランチなら、直径22cmの「タイカ」のプレートで前菜をいただいたあとも皿を変えずに、サイドにセットされた料理を取り分けるスタイルもよいでしょう。キリリと冷えた白ワインを注ぐグラスは、ドイツのグラスメーカー、ツヴィーゼルのものですが、水用のグラスは、イケアで求めたもの。日常使いこそ北欧食器の出番多しです。

おもな使用アイテム：プレート22cm(ブルー、ホワイト)とボウル0.6L(ホワイト)「タイカ・プラター「イッタラ×イッセイミヤケ」・ミニサービングセット「ティーマ」/イッタラ、カトラリー/ペロイノックス、ワイングラス/ショット ツヴィーゼル、水用のグラス/イケア

Coordination Advice!

器の形、色、柄などのデザインを
引き立たせたいときは
余計なアイテムは置かずに、
テーブルに余白を持たせて
シンプルにまとめましょう。

白とブルー、色違いを楽しめる「タイカ」のプレート。花器はフランスで求めたもので、一輪挿しを連結したユニークなデザイン。カジュアルなテーブルでは花には手間をかけずに、一輪挿しを使うなど少量でもOKです。

シーン別 洋食器のテーブルコーディネート ❖ Lunch Table 1

◆ セッティング ◆
ビビッドな赤のテーブルクロスに白いテーブルランナーを合わせ、温かみとメリハリのある印象に。プレート、グラス、花器と、特徴のあるデザインで揃えた器はグルーピングで配置し、それぞれの形を際立たせます。

◆ プラター&ミニサービングセット ◆
料理を盛るプラターや取り分け用のミニサービングセットはサイドに置き、フードコーナーに。同じくイッタラのものでも印象の異なるシリーズを合わせるとテーブルに抜け感が出ます。プラターは下にガラス器などを置いて高さを出して。

◆ グラス ◆
モダンで楽しいデザインのイケアのグラス。紀州塗の折敷の上にワインクーラー、ミネラルウォーターとともに並べ、ドリンクコーナーに。

◆ カトラリーレスト ◆
シンプル&モダンなカトラリーはカトラリーレストの上にセッティング。「レスト」には休めるという意味があり、いわば箸置のようなもの。「食事中はこのカトラリーでお願いします」のサインでもあります。

◆ ナプキンリング ◆
形はシンプルでもビビッドなピンク色がかわいいナプキンリングを使い、テーブルにアクセントを。

71

Lunch Table 2

今も昔も人々を魅了する、白磁の器で至福の食卓を

　300余年前、ヨーロッパで初めて硬質磁器を生み出したドイツの名窯マイセンから「ロイヤルブロッサム」のシリーズを使ってのコーディネートです。花のレリーフが美しいシリーズで、白いガマズミの花をモチーフに作られたスノーボール装飾がデザインの源です。

　スノーボール装飾とは、アウグスト3世（マイセン磁器の創始者アウグスト強王の息子）が、最愛の王妃マリア・ヨゼファへ「枯れない花を贈りたい」という願いから誕生したもの。マイセンを代表する装飾として今日まで作り続けられています。スノーボールは、英語で「ガマズミの花」も意味します。

　白のダマスク織のテーブルクロスにシルバーのカトラリーを合わせ、上品に。洗練された空間で、白からはじまる世界観を満喫します。

おもな使用アイテム：プレート29㎝・22㎝・17㎝／マイセン「ロイヤルブロッサム」、グラス／クリスタルダルク、アミューズスプーン／Sghrスガハラ、蓋付きのガラス器／ミヤザキ食器、カトラリー／サクライ、テーブルクロス／ジョージ・ジェンセン

Coordination Advice!

セミフォーマルのセッティングに
ナプキンや小物で遊びを
散りばめ、サプライズで
現代風にアレンジ。

「ロイヤルブロッサム」は、レリーフが立体的なスノーボール装飾となっており、スタイリッシュな白磁に緻密な花模様をちりばめた印象の器。直径29cmと22cmのプレートを重ねたダブルプレートのセッティング。

シーン別 洋食器のテーブルコーディネート ❖ Lunch Table 2

セッティング

優雅で洗練されたマイセンの器にふさわしい格のアイテムを選び、白をベースカラーに質感を重視。自然でのびやかな優しい雰囲気に仕上げています。

花

テーブルフラワーのデザインは、フォーマルの王道ホリゾンタル。クリームと淡いオレンジのバラに、白いスノーボールを彷彿させる小花を合わせてアレンジ。ソルト&ペッパーは、銀製のアンティーク。

ガラス器

アミューズ・ブーシュはアミューズスプーンとドーム形の蓋付きの器で供し、セミフォーマルなセッティングの中に遊び心を。蓋付きの器はサプライズ感があるうえ、料理が乾くのを防げるという利点もあります。

テーブルクロス

テーブルクロスは、ジョージ・ジェンセンのダマスク織を選び、格調高く優雅に。クロスに描かれたナチュラルなラインと、グリーンをリンクさせて。

グラス

シャンパングラスとワイングラスは、カットの入ったクリスタルをセレクト。器との格を合わせてクラシックに。

Lunch Table 3

格調高く「ブルーローズ」でもてなすランチョン

　ランチをフォーマルにもてなす午餐、ランチョンのテーブルです。器は、大倉陶園の代表柄、「ブルーローズ」。白磁に紺青のバラが咲き誇るエレガントなシリーズです。

　洋のフォーマルなセッティングは、シリーズで供することが最上の歓待であり、ディナーセットをシリーズで持つことがステータスだった時代もありました。私が幼少の頃、家の洋食器は、大倉陶園かノリタケだったと記憶しています。「ブルーローズ」でしつらえたテーブルは豪華でありながら、古きよき時代にタイムスリップしたかのような安心感を覚えます。ワインクーラーは、実は大倉陶園が開発した骨壺。蓋をとればこのような用途もあるそう。話題のきっかけを作るトーキンググッズとしても一役買っています。

おもな使用アイテム：26cmミート皿・23cmスープ皿・17cmパン皿・31cmプラター・キャセロール／大倉陶園「ブルーローズ」、グラス・カトラリー／ノリタケ製大倉陶園オリジナル（非売品）

シルバーの紀州塗のプレイスプレートを使って演出力を高めた、ダブルプレートのセッティング。テーブルクロスは光沢のある白、カトラリーはシルバー、グラスは金のリムの入ったクリスタルなど、「ブルーローズ」の格に合わせてアイテムを選びます。

Coordination Advice!

テーブルクロス、カトラリー、グラスの格を上質な器に合わせ、清々しい清潔感を。

｛ セッティング ｝

ブルー＆ホワイトの世界観に、バラの花の色だけがアクセントカラーとなり、目線を中央に導きます。テーブルフラワーは小さく4つにアレンジし、上から見るとSカーブになるようにデザイン。センターピースのキャセロールの両サイドにプラターを置き、シンメトリーのセッティングに。

｛ キャセロール ｝

ハンドルや縁に筆で金が手塗りされ、白磁にいっそう輝きを与えるキャセロール。キャセロールは温かい料理を供する器。ここでは美しさを生かしてセンターピースとして使用。

｛ プラター ｝

料理はプラターに盛り、取り分けるスタイルに。上品なホワイト＆ブルーの器は料理に合わせやすく、おいしさを引き立ててくれます。

｛ カトラリー ｝

器の格に合わせ、カトラリーはシルバーをセレクト。大倉陶園の紋章が入った、ノリタケ製大倉陶園オリジナル。カトラリーは美しく磨き上げてゲストを迎えましょう。

Column

ランチとランチョンの違い

ランチ（lunch）は、昼食を表すより正式な語、ランチョン（lunchentach）の略語として19世紀ごろから使われたといわれています。一般的に昼食はランチとして浸透していますが、ランチョンは、フォーマルなランチ、昼食会、パーティー、午餐というようなシーンで用いられることが多いようです。気をつけたいのは、ランチョンのテーブルセッティングです。フォーマルなシーンなので、テーブルクロスの色や素材、使用する食器、グラス、カトラリーの格合わせ、様式合わせが必須になります。

Column

洋食器の様式 4

コンテンポラリー

　コンテンポラリーは、「現代の」「今日的な」という意味ですが、モダンスタイルとは少し区別して使われます。

　モダンスタイルは、1930年以降、アメリカやイギリスを中心に「脱装飾」「機能的」「合理的」の思想のもとに生まれた様式です。人間工学を取り入れたよりシンプルなデザインを軸に、北欧モダン、イタリアモダン、ニューヨークモダンというように、それぞれの地域や国、都市に合わせた表現方法で広がりました。

　コンテンポラリーは、モダンスタイルをさらに発展させ、洗練させた様式です。異素材を組み合わせたり、様式をミックスしたり、自然回帰、ミニマリズムなど、さまざまな関連キーワードが挙げられます。

　トレンドのサイクルも短く、スタイルも多様化しています。器の形状も、有機的なものからアーティスティックなものまで、料理の進化やクロスオーバー化に伴い多彩です。例えば、最近はリムの広いプレートが多いですが、必ずしもそれがコンテンポラリーかというとそうではなく、器から発展するテーブルコーディネートや、盛りつける料理によって印象は変わります。時代の流れによって絶えず進化していくのが、この様式の特徴といえるでしょう。

　水面に水が落ちたときにできる波紋をイメージしたデザインのベルナルド「ビュル」や、フランス人女性3つ星シェフとのコラボレーションによる、アーティスティックなレイノー「エクリプス」などは、今の時代のコンテンポラリーを表現した器です。

アイテム 右から時計回りに：ウェッジウッド「ヴェラ・ウォン・ウィズ ラブ ヌーヴォー インディゴ」プレート27㎝、レイノー「エクリプス」プレート（ドームセンター1ネスト）29㎝、ベルナルド「エキュムモルドレ」プレート21㎝、ベルナルド「ビュル」プレート16㎝

Column ❖ 洋食器の様式 4

81

シーン別 洋食器のテーブルコーディネート ❖ Tea Table 1

Tea Table 1

雨音をBGMに別荘でのティータイム

　1718年、ハプスブルク王朝の栄華の中、オーストリア・ウィーンで誕生したアウガルテン。300年という長い年月に渡り、最高級磁器メーカーとして各国王室、貴族に愛され続けているブランドです。優雅でエレガントなおもてなしにぴったりの器ですが、ここでは、ナチュラルな使い方の提案をします。

　どんよりとした曇り空の6月、庭からアジサイやバラを摘み、無造作にガラスの花器にアレンジ。テーブルクロスは使わずに、アンティークのテーブルにドイツで求めたレースのティーマットを敷き、美しいアジサイの花が描かれた「ハイドランジア」のティーセットを用意しました。降り出した雨音をBGMに、都会の喧騒から離れた別荘でくつろぐ上質なティータイムのはじまりです。

おもな使用アイテム：ティーポット（L）・シュガー・ティーカップ＆ソーサー・プレート20㎝／アウガルテン「ハイドランジア」

Coordination Advice!

アンティークの木の風合いとハンドメイドのレースなど、時を刻んだもの同士を組み合わせ調和をとります。

「ハイドランジア」は、ジャポニズムスタイルが感じられるシリーズの1つ。ブルー・バイオレットのアジサイと、透明感のある鮮やかなエメラルドグリーンの葉の色調が、梅雨のティーテーブルをすがすがしい印象に。カトラリーもアンティークをチョイス。

シーン別 洋食器のテーブルコーディネート ✦ Tea Table 1

｛ セッティング ｝

アンティークの木の風合いを生かして穏やかなカラーでまとめ、テーブルフラワーも作りこまずに自然なイメージのアレンジに。ナチュラルな優しい雰囲気のセッティング。

｛ ポット＆シュガー ｝

ティーポットとシュガーポットはテーブルに直接置くのではなく、銀製のトレーやドイリーを敷いてセッティングします。

｛ カップ＆ソーサー ｝

初期バロック時代に作られた、ウィーンのベルヴェデーレ宮殿を思わせる美しいシェイプを持つ「ハイドランジア」。ティーカップのハンドルにも意匠が見られます。

｛ ティーマット ｝

プレートの下にはレースのティーマットを1枚敷くだけで、ぐんと格が上がり、エレガントさも増します。

Tea Table 2

ガールズマカロン ティーパーティー

　フランス中部に位置する都市、リモージュは、高級陶磁器の産地として有名です。なかでも、日本でもファンが多く人気の高いリモージュ窯の1つがレイノーです。ここでは、「パラダイス」シリーズを使った、ティーテーブルのコーディネートを紹介します。

　「パラダイス」は、イギリスの高級壁紙ブランド、フロメンタルのシノワズリデザインから着想を受け、誕生したシリーズ。楽園の鳥たちが、緑豊かな異国への幻想の旅に誘うように描かれ、器から会話が弾みそうです。白の刺繍がラブリーなテーブルクロスを選び、ターコイズブルーのデザートプレートをセッティング。同じシリーズのカップ＆ソーサーは同色にせず、メリハリをつけました。色とりどりのマカロンを中央に配し、ガールズマカロンティーパーティーはじめましょう。

おもな使用アイテム：デザートNO2.ターコイズ・ティーカップ＆ソーサー ブロン・ティー＆コーヒーポット ターコイズ・シュガー・クリーマー／レイノー「パラダイス」、カトラリー／エルキューイ「フィレ」、ティートレーとして使ったショープレート／ルザーン、テーブルクロス／マナトレーディング

「パラダイス」に描かれた色の花を合わせてリース形のアレンジメントを制作。その中央に台座を置いてガラスのプレートを置き、上にプティフールスタンドをセットしています。

Coordination Advice!

中央にフラワーリースを作り、
上にプティフールスタンドを
セッティング。
テーブルのテーマを際立てます。

｛ セッティング ｝

ターコイズブルーの「パラダイス」が美しく映えるように、エレガントな白のテーブルクロスを掛けてセッティング。中央に高く配したマカロンタワーが、特別な午後のティーパーティーを演出します。

シーン別 洋食器のテーブルコーディネート ✤ Tea Table 2

｛ プティフールスタンド ｝

フランスの銀器ブランド、エルキューイのプティフールスタンドは、存在感抜群かつ使いやすいアイテム。マカロンのほか、チョコレートや小菓子をのせても楽しい。

｛ ティーセット ｝

ティーポットのシェイプは、オリエンタルなシノワズリ（中国趣味）の雰囲気を醸し出します。ティートレーの代わりに、シンガポールのテーブルウェアブランド、ルザーンのシルバーのショープレートを敷き、円形のテーブルに収まるように工夫しました。

｛ テーブルクロス ｝

テーブルクロスは白の刺繍がラブリーなデザインをセレクト。フラワーアレンジメントをのせた台にはこの刺繍に連動させたリボンをあしらい、ふわりとした柔らかさをプラス。同時にクロスとセンターピースの一体感にも一役買っています。

89

Tea Table 3
初夏の観劇前のハイティー

　優雅で洗練されたアフタヌーンティーというイギリス発祥の喫茶習慣はよく知られています。実は飲食を楽しむことよりも、女性同士の社交の場としての意味合いが大きく、正式なアフタヌーンティーは、食器や食べ物、室内装飾、花、会話の内容、マナーなどに高度な知識が要求されます。ホテルで供されるアフタヌーンティーや3段プレートスタンドは、簡略化されたものです。

　ここで紹介するのはハイティー（93頁参照）。観劇前の夕刻、友人夫妻とともに、シャンパンと軽食でハイティーのひとときを持ちます。器は、「英国陶工の父」ジョサイア・ウェッジウッドによって創設されたウェッジウッドの「ジャスパー・コンラン シノワズリ」シリーズ。水彩画のような繊細なグリーンと白の絵柄が、さわやかな初夏の風を運んでくれます。

おもな使用アイテム： プレート27㎝と18㎝（ホワイト）・プレート23㎝（グリーン）・ティーカップ＆ソーサー（グリーン、ホワイト）／ウェッジウッド「ジャスパー・コンラン シノワズリ」、カトラリー／ラッキーウッド、グラス／レーマン バイ ヴェルリィデ ラマルヌ「オブリーク」

Coordination Advice!

ハイティーではローストビーフやサーモンなどのオープンサンドや、キッシュなどの軽食もOK。スイーツは焼き菓子ぐらいで十分。

取り分けていただくスタイルでは、絵皿は断然楽しいものがおすすめです。アフタヌーンティーではないので、3段プレートスタンドは置かずに、台座などで高低差をつけてセッティング。

セッティング

パブリックスペースには、取り分け用に白のディナープレートと花をセッティング。パーソナルスペースには、同シリーズのグリーンのデザートプレートをセットし、メリハリのあるコーディネートに。高低差をつける台座は、安定感があることを第一優先に、ケーキスタンドやキャンドルホルダーなどを利用するとよいでしょう。

花

ティーテーブルの花は、小さいものでOK。形違いのガラスの一輪挿しに、ブバルディアやブルースターを可憐に生けました。

カップ＆ソーサー

モダンなデザインのティーカップ＆ソーサー。ソーサーにも細かな細工が施されており、話題作りにもなります。花蝶は、東西問わず愛される絵柄です。

ナプキン

ナプキンは、器の色に合わせて若草色を選び、折り方で立体感を出します。

Column

ハイティーについて

ハイティーは、アフタヌーンティーより遅い時間で供される食習慣です。労働者階級、農民生活環境からはじまったものとされ、事実上の夕食であったために、サンドイッチや、菓子類のほか、肉料理や魚料理も並びます。ハイティーの high は、メインの大テーブル（ハイテーブル）で供されたことに由来します。現在では、アフタヌーンティーとハイティーという言葉は混在して使われますが、ハイティーは男性も加わることができ、オペラや観劇の前にシャンパンなどの酒類と一緒にいただくこともあります。ハイティーで有名なのは、シンガポールのラッフルズホテル。シュウマイなどの点心も並び、中華風にアレンジされたハイティーは、興味深いものがあります。

Column

古きよき時代に思いを馳せて
～オールドノリタケへのオマージュ～

明治から昭和にかけて作られ、海を渡った
メイド・イン・ジャパンの陶磁器、オールドノリタケ。
他に類を見ない美しさを現代に甦らせたカップ＆ソーサーを紹介します。

オールドノリタケとは、1800年代末、明治期から第二次世界大戦終結までの約60年間に、森村組及び日本陶器合名会社（現ノリタケカンパニーリミテド）によって製造され、おもにアメリカに輸出された陶磁器の総称です。西洋のデザイン様式と日本の美意識が融合した花瓶や置物などの装飾品と洋食器などのテーブルウェアは、独特の美しさや手の込んだ豪華な装飾で好評を博しました。近年「オールドノリタケ」と呼ばれるようになり、美術工芸品として世界の陶磁器の中でも高い地位を確立します。現在も、熱心なコレクターたちにより収集され、大切に扱われています。

オールドノリタケは、おおよその製造年代がバックスタンプによって推定できます。そのため、バックスタンプのないほかの陶磁器の骨董品を収集するよりも信用できるという点も、魅力の1つといえるでしょう。

ノリタケデザインの原点でもある、オールドノリタケの復刻版ともいえる商品がいくつかあります。ここで紹介するのは、「THE HOMAGE COLLECTION オマージュ コレクション」のカップ＆ソーサー。当時欧米で流行していたアールヌーボーやアールデコなどのデザイン様式を巧みに取り入れ、日本人ならではの繊細な感性と手仕事で完成させていったオールドノリタケ。そのエレガンスを現代風にアレンジしたコレクションです。アロマを引き立てるシェイプと容量にこだわったカップで、特別なコーヒータイムが過ごせそう。1客ずつ購入し、コレクションしていくのも素敵です。

オールドノリタケの名品の数々。これらのデザインを現代風にアレンジし、新たな息吹を吹き込んだのが、「オマージュ コレクション」のカップ＆ソーサー。

Column 古きよき時代に思いを馳せて〜オールドノリタケへのオマージュ〜

繊細なタッチで描かれたバラに、黒と藍色の配色が華やかなデザイン。
オマージュ コレクション コーヒー碗皿（色絵薔薇文）

アールデコ調のシェイプとソーサーに配された若草色がフレッシュな印象。
オマージュ コレクション コーヒー碗皿（若草色絵薔薇文）

柔らかなシェイプに、淡いブルーと繊細な金の瓔珞文（ようらくもん）がエレガントなデザイン。
オマージュ コレクション コーヒー碗皿（藍白絵唐草文）

白磁に映える、楽しげでモダンなデザイン。現代のインテリアにもしっくり馴染みます。
オマージュ コレクション コーヒー碗皿（雲母金彩花文）

淡いブルーに、立体的な金銀彩のバラがシックな印象。心豊かなコーヒータイムを演出。
オマージュ コレクション デミタス碗皿（淡青絵薔薇文）

艶やかなブルーとゴールドのコントラストが華やか。クリーミーなカプチーノを注いで。
オマージュ コレクション カプチーノ碗皿（青絵花文）

Apéro Table

春の日差しを受け心躍るアペロタイム

　アペロとは、アペリティフ（食前酒）の略です。フランスでは、夕食前に軽くおつまみをいただきながら、お酒とおしゃべりを楽しむ習慣として定着しています。

　日に日に1日が長くなることを実感する春。金曜日の夕刻に、職場の同期の女性たちで集まり、親睦をはかるアペロタイムです。明るい絵柄のテーブルクロスに、イエローグリーンのプレイスプレートをセットすれば、それだけで春の配色に。選んだ器は、長崎・波佐見焼の窯元、丹心窯のキルティングプレート。キルトモチーフのデザインは、インテリアトレンドでもあります。

　センターのスチールタワーには花と鳥のフィギュアを配し、春の日差しを満喫するような雰囲気を作りました。

おもな使用アイテム：23.5cmキルティングプレート・アミューズカップ プラチナボーダー・スパイラル小鉢 スクエア・水晶ヒルハウス 長角プレート（黒）、スチールタワー／丹心窯、テーブルクロス／マナトレーディング、ステンレスピック／ゲンセン、カトラリー／工房アイザワ

Coordination Advice!

個性的なテーブルクロスが引き立つように、器は白で統一。器の形とデザインで見せ場を作ります。

キルティングプレートにはくぼみがあり、アミューズカップがのせられるデザインになっているのが特徴。器のデザインの面白さにも目がいくコーディネートです。

シーン別 洋食器のテーブルコーディネート ❖ Apéro Table

✦ セッティング ✦
中央のスチールタワーと、サイドに置いたスクエアプレートで高低差を出してセッティング。動きのある楽しそうなテーブルに仕上げています。

✦ プレート&カップ ✦
トレンドのキルティングプレートに、プラチナのボーダーラインが入った丹心窯のアミューズカップをセットすれば、今風のセッティングに。

✦ スクエアプレート ✦
水晶彫をリムに配したスクエアプレートに、おつまみを盛った器を並べて。水晶彫とは丹心窯の独自の製法。天草産の上質な白磁の生地に穴をあけ、そこに粘土をつめて焼くことで水晶のような輝きと透明感を生み出します。

✦ 小鉢 ✦
オリーブオイルなど入れるとグラデーションに幾何学模様が浮き上がる、丹心窯のスクエア小鉢。洋食でも和食でも使い回しができ、深さがあるので液状のものを盛っても安心。

✦ フィギュア ✦
クリップで固定できる鳥のフィギュアは、春を告げる使者のよう。動きのあるコーディネートにしたいときに便利なアイテム。

99

Diner Table 1

2人の記念日は
ドラマチック&ゴージャスに

フランス・リモージュ焼のトップブランド、ベルナルド。格調高い伝統技術とクリエイティブな感性から生み出される器は、世界中の王室や大統領官邸、ホテル、レストランなどで愛用されています。こちらは、太陽光線をイメージした「ソル」シリーズで祝う、2人の記念日のディナー。放射光が輝くようにデザインされ、比較的幅の広いリムとフラットな盛りつけ面が特徴的な、ベルナルドらしさを感じる洗練された器です。

カップの持ち手が、空中に浮いているようなスタイリッシュなデザインの「アノ」のエスプレッソカップは、アミューズ・ブーシュ用にセット。ビジュアルの美しい食空間で、記憶に残るディナーを演出しましょう。

おもな使用アイテム：プレート31cm・27cm・21cm／ベルナルド「ソル」ゴールド、エスプレッソカップ／ベルナルド「アノ」ゴールド、ナイフ&フォーク／ベロイノックス、グラス／クリスタルダルク、花器／Sghrスガハラ、テーブルクロス／マナトレーディング

❯ セッティング ❮

アラベスク模様のテーブルクロスに、直径31cmのプレートをプレイスプレートとしてセットし、上にディナープレートを重ね、ゴールドのカトラリーを合わせました。コーディネートに使う色を絞ることで、都会的でスタイリッシュな雰囲気に。

❯ 花 ❮

ナプキンの色と合わせたクリーム色のバラを、Sghrスガハラのガラス器にアレンジ。バラ3輪のみでも充分な存在感を放ちます。

Coordination Advice!

明暗の差と
プレートの高低差で、
ドラマチックな食空間を
演出します。

❯ エスプレッソカップ ❮

建築家・インテリアデザイナーのシルヴァン・デュビソンが手がけたユニークなエスプレッソカップ「アノ」。中心をずらして配置することで、動きが出て楽しい印象に。

❯ パンプレート ❮

パンプレートとしてコーディネートした白磁の器は日本製。形状がガラスの花器と似ていることからセレクト。ツルッとした素地がベルナルドとも合います。

シーン別 洋食器のテーブルコーディネート ❖ Diner Table 2

Diner Tablee 2

在りし日のパリの アパルトマンの 追憶

　パリの中心、サントノレ通りにショップを構え、工房もパリ市内にあるという、まさにメイド・イン・パリのブランド、アスティエ・ド・ヴィラット。一見クラシックで伝統を感じさせるような器ですが、実はパリ国立美術高等学校で出会ったクリエーター2人が1996年に創業した若いブランドです。

　大切な人と過ごす食事を何よりも大切にするフランス人。在りし日のパリのアパルトマンでの2人の思い出を、アスティエ・ド・ヴィラットの器で表現しました。簡易なテーブルでも、麻のブリッジランナーを掛けて花を飾り、キャンドルを灯せば素敵なディナーに早変わり。器は「クララベル」シリーズのディナープレートとスーププレートを組み合わせました。陶器の質感を大切にした、フレンチシックなテーブルです。

103

おもな使用アイテム：プレート29㎝とスーププレート「クララベル」・コンポート「ヴィクトリア」・キャンドルスタンド「イシス」・プレート30㎝「バック」／アスティエ・ド・ヴィラット、キャンドル／ポアン・ア・ラ・リーニュ、グラス／クリスタルダルク、カトラリー／サクライ

Coordination Advice!

花をアクセントカラーに、
グレイッシュトーンで統一。
柔らかい陶器の質感でまとめて、
穏やかな食空間を演出します。

「クララベル」シリーズは、大小2重の粒飾りに縁取られた、布のような表情が魅力。それに合わせて、ブリッジランナーやナプキンリングも柔らかい質感のものを合わせます。

◇ セッティング ◇

パリ郊外で採掘される黒い陶土に白い釉薬を施し、独特の質感に仕上げられたアスティエ・ド・ヴィラットの陶器。柔らかな風合いを持つ陶器は、テーブルの木肌とベストマッチ。パリで求めたブリッジランナーを掛け、テーブルの質感も見せてセッティングします。

◇ ナプキン&ナプキンリング ◇

ダブルプレートに麻のグレーのナプキンを合わせて。ナプキンリングは、パリで購入したもの。紐を編んだようなやさしい風合いで、テイストを合わせました。

◇ プラター ◇

プラターは曲線が美しいアスティエ・ド・ヴィラットの「バック」シリーズ。控えめでシンプルな装飾が上品。どんな料理を盛っても映えそうな懐の深さが魅力です。

◇ キャンドルスタンド ◇

クラシックなデザインのキャンドルスタンドもアスティエ・ド・ヴィラットのもの。洋のセッティングの場合、キャンドルは対で使います。

◇ 花 ◇

グレイッシュな世界観の中で、花は豪華に。アスティエ・ド・ヴィラットのコンポートを使い、赤いバラをメインにアレンジしました。コンポートにフェイクのブドウをあしらって、豊かな印象のフラワーアレンジに。

Diner Table 3

恩師夫妻を
お招きして
～時を超えて～

　日本で最初の磁器が、佐賀県有田で誕生してから約400年になります。17世紀初め、オランダ東インド会社は、世界に先駆けて中国陶磁器の美しさに注目。染付芙蓉手※の器を特別に注文し、輸入していましたが、17世紀中頃に中国は海外への輸出を禁止します。そこで、次なる生産地として選ばれたのが有田でした。有田の磁器は中国と変わらない高い品質を誇り、ヨーロッパ中で一大ムーブメントになりました。当時の貴族に熱狂的に愛された歴史があります。

　有田焼のメーカー、賞美堂本店が作る洋食器のシリーズ「染付芙蓉手」のプレートを使い、恩師夫妻をもてなすテーブルです。感謝の気持ちを表わすディナーにしたく、セミフォーマルに近いセッティングを選びました。

※芙蓉手とは、皿の縁を区画で仕切り、中に唐草や八宝文を配し、中央には岩花や花籠を描いた意匠の磁器のこと。芙蓉（ハス）の花が開いたように見えることからこう呼ぶ。

おもな使用アイテム：ディナー皿・パン皿／賞美堂本店「染付芙蓉手」、カトラリー／サクライ、グラス／ショットツヴィーゼル、テーブルクロス／テキスタイル来住

シーン別 洋食器のテーブルコーディネート　Diner Table 3

{ セッティング }

日本の食材を使った、体にも心にも優しいフレンチ風料理でおもてなしをするイメージ。アイボリーのテーブルクロスを掛け、セミフォーマルの雰囲気になるよう、シンメトリーの構成でセッティング。行儀よくきちんとした感じを演出します。

Coordination Advice!

東洋風の洋食器に合わせ、
プレイスプレートには
塗の折敷を選択。
黒で引き締めます。

{ 花 }

センターピースの花のデザインは、王道のホリゾンタルで。深みのある色の花を合わせて、穏やかで大人の雰囲気を醸し出すようにアレンジ。

{ ナプキン }

ナプキンは、テーブルクロスと同色、同素材のものをセレクト。セミフォーマルの場合は、あまり折り込まずにシンプルにすることが鉄則ですが、ここでは華やぎを持たせるため、「レリーフ」という立体感のある折り方に。

Column

プロに聞く 洋食器と料理の関係 1
器というキャンバスに"伝統と革新"を取り入れる

世界中の美食家に愛される、イタリア・ローマの3つ星「ラ・ペルゴラ」。
そのシェフ、ハインツ・ベック氏が手がける東京・大手町の「ハインツ ベック」は、
私のお気に入りのレストランの1つです。ベック氏の来日に合わせてお話をうかがいました。

浜 裕子（以下浜）：「伝統と革新が融合したイノベーティブイタリアン」がコンセプトのこちらのお店は、いつうかがっても驚きがあります。味はもちろん、器を含めたプレゼンテーションが素敵です。

ハインツ・ベック（以下ベック）：ありがとうございます。料理人にとって器は、画家にとってのキャンバスのようなもの。器というキャンバスの上で香りや味を表現して、はじめて料理は成立します。厨房でおいしく仕上がったとしても、器に盛り、お客様にお出しするときに美しくなければ完成したことにはなりませんから。

浜：お料理に合わせて器を選ばれる際のこだわりはありますか？

ベック：コースメニューの場合、どこでどの器を登場させるか、器選びを1つでも間違えると全体のハーモニーが崩れてしまうので慎重になりますね。器の面積が料理に対して小さいとチープに見えますし、逆に大きすぎても物足りない印象になる。また着席したお客様が器を見る角度と、私たち料理人が厨房で立って見る角度は違いますから、常に見え方のチェックはしています。

浜：立ち位置によって印象は変わるのですね。モダンでシンプルな器が多い印象ですが、お料理が映えるからでしょうか？

ベック：もちろん、それは大きな理由の1つです。加えて、お客様にいかにリラックスして召し上がってもらえるか、ということも考えます。例えば、器がざらざらしていると、カトラリーを当てたときにガリッと音がして不快ですよね。ですから、そういった心配の少ない、滑らかな質感を持つ磁器が多くなります。ローマの店では、磁器だけで15の生産者の製品を使い分けています。

浜：東京のレストランでは、有田焼のカマチ陶舗や陶悦窯など、日本の窯元の器を使われていますね。モダンな有田の器は、私も大好きなのですが、お選びになった理由をお聞かせください。

ベック：イタリアでは、小規模でも高品質な器を作る窯元を常にヨーロッパ中でリサーチし、実際に足を運び、好みの器をオーダーメイドで作ってもらうことが多いです。有田の窯元の場合も同じでした。有田は、磁器の産地としての長い歴史と伝統、技術を持ちながら、若い生産者が現代の感覚にマッチする新しいデザインを創出しています。さらに洗練されている点も大変気に入りました。

浜：伝統を尊重しながらもクリエイティブ。ベックさんのお料理にも通じますね。

ベック：歴史の中で育まれた伝統を無視しては、新しい料理は生まれません。それは器も同じではないでしょうか。現代は、さまざまな方法で多くの情報を得ることができますが、実際に自分の目で見て、審美眼を信じ、選びとることが大切だと思います。感受性を豊かにすることで、クリエイティブな発想は生まれますから。

浜：テーブルコーディネーターの仕事にも通じることですね。

ハインツ ベック グランシェフ
ハインツ・ベックさん

1963年ドイツ・フリードリヒスハーフェン生まれ。'94年イタリア・ローマに「ラ・ペルゴラ」開業。2005年から13年連続で『ミシュランガイド』で3つ星を獲得。ペスカーラ「カフェ・レ・パイオット」、トスカーナ州「ハインツ・ベック・シーズンズ アット カステッロ・ディ・フィギーネ」ほか、ポルトガルやドバイなど世界中にレストランを展開。'14年に日本に開業した「ハインツ ベック」は『ミシュランガイド東京2018』にて1つ星を獲得。

HEINZ BECK（ハインツ ベック）
住所：東京都千代田区丸の内1-1-3 日本生命丸の内ガーデンタワーM2F（入口は1F）
☎ 03-3284-0030　http://www.heinzbeck.jp

下3点は、有田ではいち早く洋食向けの器の製作をはじめ、高い品質に定評のあるカマチ陶舗の器。**上**：独特の質感が特徴ながら、カトラリーが引っかからない滑らかさを持つプレート。**中**：長方形のプレートはおもにパスタや魚料理に使用。**下**：おもに前菜に使用している楕円形のプレート。

左上のプレートに盛った「地鶏のトルテッリーニ カボチャのピュレ 白トリュフ添え」。カボチャ風味の生パスタの中にムース仕立てにした地鶏を詰めた1品。余白を生かしたアシンメトリーの盛りつけと、色のコントラストが目を引き、食欲をそそります。

お客様をお迎えするプレゼンテーションプレートのセッティング。プレートは、森山硝子店のオリジナルブランド「MORIYAMA」のもの。パンプレートとオリーブオイルを入れる器はベルナルド。

Column　プロに聞く 洋食器と料理の関係 1

Chapter4

洋食器で
演出する和モダン
コーディネート

和の美意識や伝統を感じる洋食器で演出する、
クロスオーバーテーブルを紹介します。

洋食器で演出する和モダンコーディネート ❖ Tea Table

Tea Table

和を感じる豪華なティーセットでおもてなし

　ティーのセッティングはどうしても洋のイメージが強くなりますが、ここでは漆器をほどよく配し、和モダンのティーテーブルをしつらえました。器は、大倉陶園の「墨彩椿(ぼくさいつばき)」シリーズをセレクト。金彩の上に凛と咲く椿を墨絵のような上絵で描いた、日本人の美意識を刺激する器です。トーンを抑えたグレーのテーブルクロスで、上品に引き立たせます。

　ポット、クリーマー、シュガーポットは、塗の折敷にアクリルプレートを重ねてセッティング。透明なアクリルと漆器に器が映り込み、余韻と奥行が演出できます。テーブルフラワーに使った花びらをプレートの間にはさみ、演出力をアップ。大切な人のおもてなしには上質な器を用意し、最大限の敬意とホスピタリティーでお迎えしたいですね。

113

おもな使用アイテム：カップ＆ソーサー・ポット・シュガー・クリーマー・20㎝ケーキ皿・サービスプレート／大倉陶園「墨彩椿」、アクリルプレート／花生活空間、カトラリー／ラッキーウッド、テーブルクロス／テキスタイル来住

Coordination Advice!

同シリーズのコーディネートでは、高低差と、何か1つ違う素材を組み合わせ、変化をつけます。

チョコレートを並べたプレートは、山中塗の台座にのせて高さを出しました。取りやすくするとともに、高低差をつけてビジュアルに変化を出しています。

洋食器で演出する和モダンコーディネート ❖ Tea Table

[セッティング]

グレーのテーブルクロスと漆器の黒がテーブルの印象を引き締め、白磁の器と金彩、墨で描かれたような椿が引き立ちます。花は、塗のキャンドルスタンドの大小にアダプターをつけて、アレンジしています。

[トレー]

塗の折敷とアクリルプレートの間に、オレンジ色のバラの花びらを仕込んでティートレーに。遊び心のある演出です。

[ポット]

現在では大倉陶園だけが保持する貴重な技能遺産であるエンボス技法。生地にローラーで模様を刻み、その部分に金を焼き付けることで金色の模様を浮き出させる、繊細で複雑な装飾技法です。この技法がふんだんに使われたティーポットの美しさは、目を見張るばかり。

[ナプキン]

ティーナプキンは、プレートの余白の美しさが感じられるように、あえて右側に、シンプルに三角に折ってセットします。

> Lunch Table

東方への憧れを食卓に託して

　フランスのリモージュ窯、レイノーの「ジャルダンセレステ」シリーズを使った、和モダンテーブルのランチの提案です。

　「ジャルダンセレステ」は「天空の庭」や「桃源郷」といった意味。西洋にとって「たどり着けない憧れの地」という印象なのか、中国や日本と思われる風景が、フランスならではのセンスで表現されています。松や紅葉、柳の木などが描かれ、ターコイズブルーとゴールドのラインが涼やかなアクセントになった幻想的で美しいプレートです。

　器に合わせ、テーブルクロスは金糸が織り込まれたターコイズブルーのものをセレクト。その上にダブルプレートのセッティングをしました。特徴的な器は、すでに目のご馳走。何の料理が、どのような盛りつけで供されるのだろうと、ゲストの期待も膨らみます。

おもな使用アイテム：アメリカンディナープレートNO.2・デザートプレートNO.1〜NO.4・パンプレート／レイノー「ジャルダンセレステ」、カトラリー／エルキューイ「フィレ」、スレートプレート／ミヤザキ食器、火鉢（ワインクーラーとして使用）／花生活空間、テーブルクロス／マナトレーディング

洋食器で演出する和モダンコーディネート ❖ Lunch Table

117

Coordination Advice!

個性的な器も、
コーディネート全体の
トーンを合わせることで、
上品で落ち着いた印象になります。

「ジャルダンセレステ」のアメリカンプレートとデザートプレートを重ね、ダブルプレートのセッティングに。デザートプレートは、絵柄の違う4枚を使用し、テーブルに着くゲストが目で楽しめるようにしました。

洋食器で演出する和モダンコーディネート ✤ Lunch Table

【セッティング】
器とトーンを揃えたターコイズブルーのテーブルクロスを掛け、中央のパブリックスペースにはスレートプレートを敷き、花を飾る場所に。花で少し高さを出し、動きと楽しさ、遊びをプラスしています。

【花】
黒の木製のキャンドルスタンドにアダプターを付けて花をアレンジ。器に描かれている松と連動させるため、松を象徴的に使用。シンビジウム、アンスリウムのほか、菊やリンドウなどの和花も入れました。アンスリウムの赤をアクセントカラーに。

【ワインクーラー】
染付の火鉢をワインクーラーに見立てて使用。ブルーボトルの日本酒を冷やし、手ぬぐいも染付の青海波の文様に合わせてセレクト。

【ナプキン】
ナプキンは、ポケットができる正角の折り方で。松を入れて、テーブルコンセプトをリピートしています。

【プレート】
直径27cmのアメリカンディナープレートにも、松が力強く描かれています。この松の絵柄からインスピレーションを得たテーブルコーディネートです。

洋食器で演出する和モダンコーディネート ❖ Diner Table

Diner Table

伝統に新しい風を吹かせて
～East meets West～

「現代という環境の中で、いかに心地よい空間や時間を創り出せるか」をデザインテーマにもの作りを行う有田焼の窯元、福珠窯（ふくじゅがま）の器を使い、和洋折衷のクロスオーバーテーブルをしつらえました。「IKOMI（いこみ）」と名付けられたシリーズは、鋳込み（いこみ）と呼ばれる泥状に溶かした土を石膏型に流し込んで成形する技法で作られています。ここにさらに手を加え、変幻自在な表現を試みたプレートです。

現在では、フレンチでもイタリアンでも、和の素材、和食の要素が盛り込まれた料理が潮流になっています。「IKOMI」のプレートに漆器を合わせ、カトラリーには箸も加え、革新的なデザインと和の伝統的な技法をミックスさせました。凛と美しく、晴れやかな席が似合いそうなコーディネートです。

121

おもな使用アイテム：26cmスクエアプレート free form2／福珠窯「IKOMI」、高足盃（輪島塗）／花生活空間、カトラリー／サクライ、テーブルクロス／テキスタイル来住、キャンドルスタンド／ロイヤルドルトン

Coordination Advice!

置き方1つで表情が変わる
プレートを主役に、
赤、黒、白を強調することで
より和モダンのイメージに。

割れたパーツを繋ぎ合わせたようにも見える「IKOMI」のスクエアプレート。そのオリジナリティは手仕事のなせる技。白磁の色に赤と黒を組み合わせ、日本の伝統色を強調することで和モダンの印象を強めます。

洋食器で演出する和モダンコーディネート ❖ Diner Table

[セッティング]

日本の伝統色である赤、黒、白でまとめたメリハリのあるテーブルコーディネート。プレートの下には塗の黒の折敷を敷いて白磁の色を引き立てます。アクセントカラーの赤でまとめたテーブルフラワーは存在感を持たせて豪華に。

[花]

テーブルフラワーは黒の花器を2つ組み合わせて流れのあるデザインに。バラとグロリオサリリーをグルーピングでアレンジし、華やかに演出しました。

[酒器]

伝統工芸輪島塗加藤漆器店謹製、浜裕子デザインの花生活空間オリジナルの高足盃。酒器としてだけでなく、料理を盛っても映えます。和にも洋にも使える汎用性の高い器。

[カトラリー]

和洋折衷のクロスオーバーテーブルなので、箸とカトラリーをセッティング。漆の器には金属のカトラリーは避け、箸を使います。カトラリーと合わせて置く場合は、箸は縦にセットして構いません。

[椀]

越前塗の煮物椀。クロスオーバーのセッティングの場合は煮物に限ることはなく、自由な発想で料理を盛りつけましょう。蓋付きの椀は乾燥防止にもなるので、料理を準備する段階でも重宝します。

123

Column

プロに聞く 洋食器と料理の関係 2
遊び心を盛り込み、料理への期待を高める

数々のスターシェフを輩出してきた東京・乃木坂のフレンチの名店「レストラン フウ」。
シェフの松本浩之さんは、軽やかでモダンかつ詩的な印象の料理を得意とされています。
そんな松本さんに、器について思いをうかがいました。

浜 裕子（以下浜）：数々のフレンチの名店で経験を積んでこられた松本さんですが、昔と今とでは、使う器に違いはありますか？
松本浩之（以下松本）：昔からフランスのリモージュ焼の器が好きで、それは変わりません。ただ若い頃は、リムに規則正しい絵柄が施された、華やかなものに目がいきましたが、今はもっとシンプルなものを選ぶようになりました。
浜：それは、作られるお料理の変化にもよるのでしょうか？
松本：それはありますね。私は、自分が旅をしたときに見た風景など、ストーリーを皿の上で表現することが多いのです。そのため、同じくストーリーを持つ器だとぶつかることがあります。また、メインの肉料理は、肉のベストな火入れの状態であるロゼ色の断面など、素材そのものが持つ美しさを見せたい、という思いもあります。無地のシンプルな器のほうが、映える場合が多いのです。
浜：コース料理で使われる器を拝見すると、シンプルな中にもバリエーションに富んだ印象があります。
松本：単調にならないよう、構成に緩急をつけているからでしょうか。アミューズ・ブーシュから前菜までは、お客様の料理への期待感を高めるために少し遊ぶようにしています。形状も長方形だったり深みを持つものなどさまざま。一方、メイン料理は丸皿に盛り、きちんとした印象を打ち出します。ベルナルドのものなどは、盛りつけ面が平らでソースがきれいに引ける点で、プロ仕様として適していますね。デザートでは、ときには絵柄のある器を選び、それを生かして内容を考えるなど、もう1度遊び心を盛り込みます。
浜：松本さんならではのエンターテイメント性を感じます。器のデザインにも流行はありますか？
松本：私が修業をはじめた頃は、前菜からデザートまでを同じシリーズで揃えることが一般的でした。今では、それでは収まらなくなっています。前菜を少量ずつ何皿も供するスタイルも増え、コースメニューといってもレストランによって表現方法がさまざまです。
浜：今はリムの広いプレートも多いですよね。
松本：時流と関係していると思います。かつては、メイン料理はどーんとボリュームたっぷりに盛ることが多かったのですが、今は、フランスでも量は控えめですし、リムの幅が広く、盛りつけ面の狭いものが理にかなっているのでしょう。昔のように、リムの幅が狭く盛りつけ面が広いと、持て余してしまう感じですね。
浜：逆にいえば、たくさんの器が必要になって管理も大変では？
松本：毎日使っていると、どうしても欠けたり割れたりして数が揃わなくなってきます。そうしたら新しいのに買い替えて、古いものは、若いサービスマンや料理人が練習用に使うなどしています。
浜：スタッフの審美眼も磨かれて、人材育成にもつながりますね。

レストラン フウ シェフ
松本浩之さん

1969年山形県生まれ。東京・銀座「レ・ザンジュ」などを経て'95年渡仏。パリ「ダニエル・メトリ」、アルザス地方「シリンガー」などで研鑽を積み、パリ郊外「パピヨン・ブルー」で半年間シェフを務める。2001年帰国。銀座「レ・ザンジュ」、同「ベージュ東京」、表参道「バンブー」でそれぞれシェフを務め、'06年乃木坂「レストラン フウ」のシェフに就任。'12年より7年連続で『ミシュランガイド東京』にて1つ星を獲得。

Restaurant FEU（レストラン フウ）
住所：東京都港区南青山1-26-16　☎ 03-3479-0230
http://feu.co.jp

Column

プロに聞く 洋食器と料理の関係 2

下3点は、松本さん愛用のリモージュ焼の器。上はジョンヌ・ド・クロムのもの。中は、特に好きなブランド、レイノーの「クリストバル」シリーズ。下は、フィーリングスのプレートで、凹凸のある斬新なデザインを砂浜に見立て、各種魚介を盛り合わせたこともあるそう。

左上のプレートに盛った「十勝ハーブ牛の網焼き 各地より届く国産キノコ添え」。肉の焼き色とキノコで紅葉の季節をイメージ。全体を茶色でまとめて一体感を出すために選んだ器。

125

お客様をお迎えするプレゼンテーションプレートは、レイノー「アトラクション」のビュッフェプレート。こちらのピンクは現在廃番ですが、松本さんが特に気に入っている器とのこと。大切に使用されています。

Column

洋食器の扱い方と収納方法

洋食器を扱うときの基本的な注意点と収納のコツをお伝えします。

一般的な取り扱い方

- 器の糸底（食卓に接する底の部分）は、特に陶器は、ざらつくものもあるため、テーブルなどに傷をつける場合もあります。使う前に、実際に指をあてて確認します。気になるときは、目の細かいサンドペーパーで軽くこすり、滑らかにします。
- 磁器は素材の特性上、直火、オーブン、電子レンジは厳禁です。陶器には電子レンジ調理可能なものもありますが、金銀やプラチナなどの金属で加飾してある器は使用できません。
- 食酢など酸が強い食品は、金銀の加飾部分や絵付部分に影響を与えることがあります。加飾が施されたプレートのリムの部分に料理を盛るときなど注意します。
- 急激な温度変化（急に熱湯をかける、急冷）は、割れたりヒビが入ったり、欠けたりする原因になります。洗うときは、ぬるま湯からはじめます。
- スチールたわしやクレンザーなどで洗浄すると金属の加飾部分や絵付部分が剥げたり、表面が傷つくことがあります。柔らかいスポンジで洗います。

収納方法

- 種類ごとに、大きさを揃えて重ねて収納します。重ねすぎると傷む原因にもなるので、プレートなら5〜6枚以上は重ねないようにします。
- 大事にしている器は、器と器の間に布を挟み、傷がつかないようにしましょう。キッチンペーパーやペーパーナプキンでも代用可能です。
- 平皿の場合は、縦置きの収納も取り出しやすいのでおすすめです。その場合は横倒しにならないよう、市販のディッシュスタンドや収納グッズを使って工夫をします。

器は種類とサイズを揃えて重ね、大切な器の場合は、間に布やペーパーを挟んで収納しましょう。

Special Thanks

『洋食器のきほん』を制作するにあたり、たくさんの方々からお力添えをいただき、心より感謝申し上げます。

惜しみなく素晴らしい洋食器をご提供くださいました各ブランドの皆様。取材にご協力いただいた東京・乃木坂「レストラン フウ」の松本浩之シェフ、大手町「ハインツ ベック」のハインツ・ベックシェフ、および関係者の皆様。本書の企画をご用意くださった誠文堂新光社の谷井諒さん。編集を担当してくださった宮脇灯子さんは、各ブランド様との連絡を一手に引き受けてくださり、大変な作業量だったと思います。そのおかげで、私は、コーディネートと執筆に専念できました。カメラマンの野村正治さん。ニルソンデザイン事務所の境田真奈美さん。多くの方々とのご縁で、この本が完成しましたことに、心より御礼申し上げます。

本書を手に取ってくださった方々とのご縁にも感謝の気持ちを込めて。皆様のお心に残るものがございましたら嬉しく思います。

2018年1月　浜　裕子

撮影協力（50音順）

ヴェール VERRE STYLE DE VIE
株式会社 森山硝子店（ジャンルイ・コケ）
http://www.verre.co.jp
☎ 03-5721-8013
所在地:東京都渋谷区恵比寿南 3-3-12
AGIO-1 ビル

エルキュイ・レイノー青山店
http://housefoods.jp/shopping/ercuis-raynaud/
☎ 03-3797-0911
所在地:東京都港区北青山 3-6-20 KFI ビル 2F

株式会社 大倉陶園
http://www.okuratouen.co.jp
☎ 045-811-2183
所在地:神奈川県横浜市戸塚区秋葉町 20 番地

クラブ ヘレンド ジャパン本店
http://www.herend.co.jp
☎ 03-3475-0877
所在地:東京都港区南青山 1-1-1
新青山ビル東館 1F

佐賀県立九州陶磁文化館
http://saga-museum.jp/ceramic/
所在地:佐賀県西松浦郡有田町戸杓乙 3100-1
☎ 0955-43-3681

ジーケージャパンエージェンシー株式会社
（マイセン、ベルナルド、
ロワイヤル・ド・リモージュ）
http://www.gkjapan.jp
☎ 0120-580-336
所在地:京都府京都市下京区新町
通高辻上ル 434-2

株式会社 賞美堂本店 東京店
http://www.shobido-honten.com
☎ 03-3592-6455
所在地:東京都千代田区内幸町 1-1-1
帝国ホテル本館 B1F

有限会社 丹心窯
http://www.tanshingama.com
☎ 0956-85-5672
所在地:長崎県東彼杵郡波佐見町小樽郷 372-4

株式会社 テキスタイル来住
http://www.tex-kishi.co.jp
☎ 03-3249-8641
所在地:東京都中央区日本橋浜町 3-17-7
ツルノビル 2F

ドレスデン ポルツェラン東京事務所
ヤンソン アンド アソシエイツ有限会社
https://www.spm-dresden.jp
☎ 03-6427-7704
所在地:東京都渋谷区神宮前 5-2-7 北上ビル 1F

ノーブルトレーダース株式会社（アウガルテン）
https://augarten-japan.com
☎ 075-205-5170
所在地:京都府長岡京市長岡 2丁目 1-15

株式会社 ノリタケカンパニーリミテド
http://tableware.noritake.co.jp/
ノリタケ食器のお客様相談室 ✉ 0120-575-571
所在地:愛知県名古屋市西区則武新町 3-1-36

花生活空間アトリエ
http://hanakukan.jp
☎ 03-3854-2181
E-mail:info@hanakukan.jp

フィスカース ジャパン株式会社
（ウェッジウッド、イッタラ、アラビア）
ウェッジウッド http://www.wedgwood.jp
☎ 03-6380-8159
イッタラ https://www.iittala.jp
✉ 0120-588-825（イッタラ、アラビア共通）
所在地:東京都千代田区二番町 11-19
興和二番町ビル 4F

株式会社 福珠陶苑（福珠窯）
http://www.fukujugama.co.jp/
☎ 0955-42-5277
所在地:佐賀県西松浦郡有田町中樽 2-30-16

株式会社 明和セールス（ジアン）
https://www.meiwasales.co.jp
☎ 03-5823-7511
所在地:東京都千代田区神田和泉町 2-6
今川ビル 8F

メゾン オルネド フォイユ
（アスティエ・ド・ヴィラット）
http://www.ornedefeuilles.com
☎ 03-3499-0140
所在地:東京都渋谷区渋谷 2-3-3
青山 O ビル 1F

株式会社 欧羅巴製品貿易（セーブル）
http://metcorp.co.jp
☎ 048-773-8808
所在地:埼玉県桶川市加納 102-4

リチャード ジノリ・アジアパシフィック株式会社
http://richardginori.co.jp
☎ 03-3222-1735
所在地:東京都千代田区平河町 1-7-21
平河町昭和ビル 5F

Profile

浜 裕子
Yuko Hama

フラワー&食空間コーディネーター。英語、日本語講師を経て、フラワー・インテリア・テーブルコーディネートをはじめ、食空間プロデュースおよびコンサルティング、パーティー、イベント、広告などの企画・演出を手掛ける。近年は和の歳時記、日本の生活文化を研究し、和と洋の融合と精神性の高いデザインをテーマに、ライフスタイル提案に取り組む。花のある暮らし、生活空間をアートすることをコンセプトに「花生活空間」を設立。自宅アトリエにてテーブルコーディネート教室なども開催するほか、セミナー、講演活動、執筆、TV出演などのメディアでの活動も積極的に行っている。著書に『花のテーブルコーディネート』『和のテーブルセッティング』『花のナプキンワーク』『フィンガーフード・50のレシピ』シリーズ『お茶と和菓子のテーブルセッティング』『おもてなしのテーブルセッティング七十二候』『漆器のあるテーブルセッティング』『和食器のきほん 改訂版』(以上誠文堂新光社)、『ほめられレシピ おもてなしのレッスン』(KADOKAWA) ほか多数。フランス、中国、台湾にも翻訳本が出版され、20冊以上の著書がある。NPO法人食空間コーディネート協会理事、認定講師。

花生活空間
http://www.hanakukan.jp
E-mail：info@hanakukan.jp
TEL&FAX：03-3854-2181

Staff

撮影／野村正治
装丁・デザイン／望月昭秀+境田真奈美(株式会社ニルソンデザイン事務所)
執筆(P.16〜P.24)／小林裕幸
編集／宮脇灯子

参考文献
『ヨーロッパ名窯図鑑』株式会社第一出版センター編集(講談社)
『西洋やきものの世界 誕生から現代まで』前田正明著(平凡社)
『ヨーロッパ宮廷陶磁の世界』前田正明、櫻庭美咲共著(KADOKAWA)
『食卓文化の背景』東條衛著(食空間とラウンドテーブル)
『TALK食空間コーディネーターテキスト3級』(NPO法人食空間コーディネート協会)
『TALK食空間コーディネーターテキスト2級』(NPO法人食空間コーディネート協会)

ヨーロッパの名窯(めいよう)からメイドインジャパンの器(うつわ)まで、
上手(じょうず)な揃(そろ)え方(かた)と食卓演出(しょくたくえんしゅつ)

洋食器(ようしょっき)のきほん
テーブルコーディネートアイテム

NDC596

2018年1月19日　発行

著 者	浜(はま) 裕子(ゆうこ)
発行者	小川雄一
発行所	株式会社　誠文堂新光社
	〒113-0033
	東京都文京区本郷3-3-11
	編集 TEL03－5800－3616
	販売 TEL03－5800－5780
	http://www.seibundo-shinkosha.net/
印刷・製本	大日本印刷　株式会社

©2018, Yuko Hama.
Printed in Japan

検印省略
万一乱丁・落丁本の場合はお取り換えいたします。
本書掲載記事の無断転用を禁じます。

本書のコピー、スキャン、デジタル化等の無断複製は、著作権法上での例外を除き、禁じられています。本書を代行業者等の第三者に依頼してスキャンやデジタル化することは、たとえ個人や家庭内での利用であっても著作権法上認められません。
本書に掲載された記事の著作権は著者に帰属します。これらを無断で使用し、展示・販売・レンタル・講習会などを行うことを禁じます。

JCOPY〈(社)出版者著作権管理機構　委託出版物〉
本書を無断で複製複写(コピー)することは、著作権法上での例外を除き、禁じられています。本書をコピーされる場合は、そのつど事前に、(社)出版者著作権管理機構(電話 03-3513-6969/FAX 03-3513-6979/e-mail:info@jcopy.or.jp)の許諾を得てください。

ISBN978-4-416-51804-5